베일 속의 여성 그리고 이슬람

베일 속의 여성 그리고 이슬람
베일을 통해 본 이슬람 문화

지은이 | 오은경
펴낸이 | 김성실
기획편집 | 이소영·박성훈·김하현·김성은·김선미
마케팅 | 곽홍규·김남숙
인쇄·제책 | 한영문화사

초판 1쇄 | 2014년 3월 10일 펴냄

펴낸곳 | 시대의창
출판등록 | 제10-1756호(1999. 5. 11.)
주소 | 121-816 서울시 마포구 연희로 19-1 4층
전화 | 편집부 (02) 335-6125, 영업부 (02) 335-6121
팩스 | (02) 325-5607
이메일 | sidaebooks@daum.net

ISBN 978-89-5940-284-7 (03910)

ⓒ오은경, 2014, Printed in Korea.

책값은 뒤표지에 있습니다.
잘못된 책은 바꾸어드립니다.

이 도서의 국립중앙도서관 출판시도서목록(CIP)은
서지정보유통지원시스템 홈페이지(http://seoji.nl.go.kr)와
국가자료공동목록시스템(http://www.nl.go.kr/kolisnet)에서 이용하실 수 있습니다.
(CIP제어번호: CIP2014003405)

베일 속의 여성 그리고 이슬람

베일을 통해 본 이슬람 문화

오은경 지음

시대의창

일러두기

*외래어 표기 규정이 없는 아랍어의 경우 표준국어대사전이나 외래어 표기 용례집에 등재되지 않은 고유명사 등은 현지의 발음을 따랐다.
*본문에 사용된 사진들은 하단에 저작권을 표기하였다.

프롤로그

베일, 죽음을 부르다

'이슬람 여성'하면 우리는 분수가 솟는 연못가에 여인들이 하릴없이 노닐고 있는 하렘harem(이슬람 국가에서 여인들이 거처하는 곳)을 떠올린다. 잘록한 허리를 베일 속에 감춘 채 한없이 관능적이고 이국적인 자태를 뽐내는 하렘의 여성들. 그런데 이렇게 자연스럽게《아라비안나이트》속의 낭만적인 공주의 모습을 떠올리는 것은 혹시 우리에게 주입된 오리엔탈리즘적 여성 이미지에서 비롯한 판타지 때문은 아닐까?

'천일야화'라고도 불리는《아라비안나이트》가 한 여인이 자신을 비롯한 수많은 여성의 목숨을 구하기 위해 왕에게 들려준 천 하루 동안의 흥미진진한 이야기를 모아놓은 것이라는 사실을 아는 사람은 많지 않다. '샤흐라야르' 왕은 왕비의 배신에 상심한 나머지 매일 밤 전국의 처녀들과 하룻밤을 지내고, 다음 날 아침 동이 트면 바로 죽여버리는 잔혹 행위를 3년이나 계속했다. 이에 왕을 모시는 대신의 큰딸 '샤흐르자드'가 꾀를 내어 왕에게 매일 밤 재미있고 진기한 이야기를 들려주고, 이야기를 듣는 재미에 흠뻑 빠진 왕이 여인을 죽이지 않은 날이 천하루를 넘어선다. 마침내 샤흐르자드의 깊은 뜻을 눈치 채고 잘못을 뉘우친 왕이 여성들을 죽이는 것을 그만두었다는 이야기가 《아라비안나이트》의 탄생 배경이다.

어찌 보면 《아라비안나이트》의 아름답고 낭만적인 공주의 모습이, 한 여인의 목숨을 담보로 한 필사적인 투쟁의 결과로 만들어졌다는 것이 아이러니로 느껴지기도 한다. 아랍 문학뿐만 아니라 서구 문학에도 지대한 영향을 미친 《아라비안나이트》가 수많은 여성이 목숨을 잃고 난 뒤 지어졌다는 뒷이야기에서도 우리는 중동 여성의 삶이 결코 녹록지 않았음을 실감할 수 있다.

그래서일까. 검고 커다란 두 눈만 드러낸 채 베일 속에 수줍은 미소를 감추는 이슬람 여성의 모습은 보는 이에게 미묘하고 복잡한 감정을 불러일으킨다. 은밀한 신비함과 동시에 알 수 없는 무게감이 베일 속에 배어 있는 것이다. 그렇다면, 정작 그녀들에게 베

아랍 문학뿐만 아니라 서구 문학에도 지대한 영향을 미친 《아라비안나이트》가 수많은 여성이 목숨을 잃고 난 뒤 지어졌다는 뒷이야기에서 우리는 중동 여성의 삶이 결코 쉽지 않았음을 실감할 수 있다.

일은 무엇을 의미할까? 그녀들에게도 베일은 아름답고 낭만적인 의미를 지닐까? 어쩌면 베일은 그녀들에게 삶이자 현실 그 자체가 아닐까. 벌써 오래전 이야기가 되고 말았지만 탈레반 정권이 집권하던 시기 아프가니스탄에서는 베일 때문에 많은 문제들이 발생하곤 했었다. 그때 발생한 사건들 속에는 이슬람 여성의 처참한 현주소가 담겨 있었다.

2005년 5월 18일 아프가니스탄에서 어느 여성 비디오자키가 부르카(베일)를 벗고 방송을 진행했다는 이유로 명예살인을 당한 것이 그 사례 중 하나이다. 살해당한 여성은 아프가니스탄 최초의 여성 텔레비전 진행자 샤이마 레자위로 팝송과 이란 음악을 소개하는 프로그램의 진행을 맡고 있었다. 아프가니스탄 젊은이들이 가장 선호하는 인기 절정의 프로그램 진행자답게 샤이마는 전통적 이미지에서 과감하게 벗어난 서구적 이미지로 호감을 얻었다. 그러나 이것은 아프가니스탄에서 탈레반 정권 이후 철저한 통제로 일관해온 이슬람 율법을 과감하게 무시한 행동이었다. 얼굴을 드러내서는 안 된다는 철통같은 율법을 저버리고, 그녀는 부르카를 벗어던진 채 브라운관에 모습을 드러냈다.

그렇게 젊은이들로부터 최고의 찬사를 받던 그녀가 어느 날 갑자기 사람들 시야에서 사라졌다. 살아생전 서구의 음악과 자유로

움을 아프가니스탄에 실어 나르던 그녀에게 아프가니스탄 보수주의자들은 젊은이들과는 달리 곱지 않은 시선을 보냈다. 그녀는 생명의 위협마저 느낄 정도였고, 결국 살해당하고 만 것이다. 그녀의 죽음을 둘러싸고 이런저런 많은 이야기가 회자되지만 죽은 자는 말이 없는 법, 샤이마 레자위는 싸늘한 시신이 되어 그녀가 살던 동네 뒷산 돌무덤 아래 묻혀 있을 뿐이다.

그녀를 살해한 사람은 누구일까? 일부에서는 가족의 명예를 위해 오빠가 죽였을 것이라고도 하고, 다른 한편에서는 이슬람 원리주의자를 범인으로 지목하기도 한다. 이유가 무엇이든 분명한 것은 그녀가 명예살인을 당했다는 사실이다. 샤이마의 죽음은 아프가니스탄에서 여성으로 산다는 것이 결코 쉬운 일이 아님을 새삼 실감하게 해준다. 또 한편으로 이슬람 사회에서 여성이 베일을 쓴다는 것이 그리 단순하고 가벼운 문제가 아니라는 것을 가슴 깊이 느끼게 해준다. 이슬람 문화권에서 여성이 베일을 쓴다는 것은 무슨 의미이기에 그녀는 율법을 어긴 대가로 목숨까지 잃어야 했을까?

서구 언론은 이슬람의 베일을 인권 탄압의 기제라며 강력히 비판한다. 현실적으로 베일은 여성의 인권을 억압하는 데 막대한 영향을 미치고 있는 것이 사실이다. 실례로, 터키의 이맘하팁 종교

학교에서는 여학생 모두가 베일을 써야 하는데, 친구와 저녁을 먹으려고 베일을 벗고 사복으로 갈아입은 딸을 본 아버지가 순결 검사를 하겠다며 딸을 협박한 사건이 발생해 문제가 되기도 했다. 사우디아라비아에서는 화재가 발생했는데 베일을 쓰지 않은 여성은 집 밖으로 나올 수 없다는 이유로 소방관들이 구출해주지 않아 건물 안에 있던 여성 모두가 불타서 사망한 사건이 발생하기도 했다. 아랍의 봄(2010년 튀니지에서 시작되어 이집트, 리비아, 예멘 등의 중동 및 북아프리카 국가로 확산된 반反정부 시위) 이후 사우디아라비아에서는 여성의 운전권을 놓고 치열한 투쟁이 가속화되고 있는데 소셜 미디어를 활용한 "위민투드라이브Women2Drive" 캠페인이 그중 하나이다. 사우디 여성의 운전권 문제 또한 한편으로는 베일 착용과 관계가 있다고 볼 수 있다.

하지만 베일 착용이 인권 억압인가 아닌가 하는 논쟁은 사실 그렇게 단순한 문제가 아니다. 물론 그 규정을 적용하고 제도화하는 과정에서 여성이 가부장적 폭력에 많이 노출되고 있다는 것만은 분명한 사실이다. 이슬람 여성의 베일 착용을 두고 서구 언론은 많은 비난과 논쟁을 일삼아왔지만, 서구인들 역시 여전히 두 견해 사이에서 좌충우돌하고 있다. 이슬람 여성이 베일을 쓰는 것은 다분히 인권을 침해하는 측면이 있으므로 금지되어야 한다는 입장과 문화적 상대성을 인정하여 일종의 '차이'로 받아들여야 한다는 입장이 그것이다.

이러한 팽팽한 대립은 베일을 둘러싼 논의가 그리 간단한 문제가 아니라는 단적인 증거이기도 하다. 사실 베일을 쓰느냐 안 쓰느냐는 단순히 베일에 국한된 문제가 아니라 이슬람의 독특한 사회구조 내에서 '여성의 지위와 인권' 문제를 어떻게 볼 것인가 하는 포괄적인 문제를 상징화한 화두라 할 수 있다. 이 문제는 아주 오래된 역사적 전통과 종교적 사회구조에서부터 근대 이후 서구 열강과의 대립으로 빚어진 민족주의 갈등에 이르기까지 매우 포괄적인 문맥 속에 놓여 있다.

그렇다면 '여성 인권'과 '문화상대주의'라는 이중 잣대를 사이에 두고 우리는 이슬람의 베일에 대해 어떤 판단을 할 수 있을까. 아마도 명쾌한 답을 내리기란 쉽지 않을 것이다. 하지만 그 문제를 사이에 두고 엉킨 복잡한 실타래를 풀어가다 보면, 적어도 자신의 문화를 잣대 삼아 상대방의 문화와 역사를 무시하고 재단하는 실수는 범하지 않으리라.

이 책에서는 '베일 논쟁'에 담긴 여성, 민족, 서구와 근대 등의 담론을 분해해보고, 그 안에 녹아 있는 중층적이고도 다성적인 함의를 들추어보는 것으로 실타래 푸는 일을 시도하려 한다. 그러기 위해서 우선 첫째 장에서는 이슬람 여성의 인권 문제 사례를 훑어보면서 그 정점에 놓인 베일 문제의 복잡 미묘함에 대해 생각해볼 것이다. 그리고 둘째 장에서는 이슬람 이전부터 수천 년에 걸쳐 형성되어온 '베일 쓰기' 전통을 역사, 정치, 문화 등 다양한 층위에서 살펴볼 것이다. 마지막 장에서는 베일 논쟁에 얽힌 다양한 시선을 소개하고 분석해보려 한다. 참고로 이 책에서는 '무슬림 여성 Muslim Women'이라는 용어 대신 '이슬람 여성 Islamic Women'이라는 용어를 주로 사용했다. 종교와 신앙의 차원이 아닌 정치·경제·사회·문화·역사적 맥락에서 이슬람 문화권 여성을 분석 대상으로 삼았기 때문이다.

무슬림에게 베일이 어떤 의미를 지니는지 자세히 들여다보는 과정을 통하여, 이슬람 문명과 여성 문제를 읽는 시야를 넓히고 타 문명을 바라보는 올바른 시각이 과연 무엇일지 성찰해보는 데에 이 책이 소중한 실마리가 되기를 희망한다.

다만 베일을 둘러싼 이슬람 여성의 문제적 상황들이 이슬람 문화권 국가들에 국한된 것이 아님을 말하고 싶다. 한국 사회에 아직도 켜켜이 남아 있는 여성 문제를 생각한다면 우리에게 이슬람 사회는 우리 자신을 돌아보게 하는 거울이 될 것이다. 이슬람 문명은 국제사회 그리고 다문화 사회로 접어든 우리에게 더 이상 피할 수 없는 현실이 되었다. 그러나 그 문명은 기괴하거나 머나먼 타인이 아니라 '또 하나의 우리'라는 것을 이 책을 통해 인식할 수 있기를 바란다.

차례

프롤로그: 베일, 죽음을 부르다 5

1 … 이슬람에서 여성으로 산다는 것은

　명예를 위해 죽다 19
　　명예살인과 관련된 다큐멘터리와 책 26
　여성 할례, 전통인가 악습인가 29
　　할례의 참혹함을 보여주는 책 32
　　할례와 관련된 다큐멘터리 36
　누구를 위한 일부다처제인가 39
　　《꾸란》의 결혼관 46
　　원리주의에 갇힌 여성 49

2 … 베일, 쓰기부터 벗기까지의 모든 것

　언제, 어디서 베일은 시작되었나 63
　누가, 왜 베일을 씌웠는가 75
　　베일의 종류 80

베일은 어떻게 의무가 되었나　87
　아프가니스탄 여성의 현실을 담은 영화　95
베일 벗기기: 근대를 열다　103
베일 되찾기: 이슬람을 지켜라　113
베일을 둘러싼 문명의 충돌　123
　이슬람의 여성관　132

3 ··· 이슬람은 왜 베일을 욕망하는가

이슬람 여성의 시선으로　147
이슬람 남성의 시선으로　155
외부인의 시선으로　161

에필로그: 베일, 자유를 찾아서　168
더 읽어볼 만한 책들　172
찾아보기　174

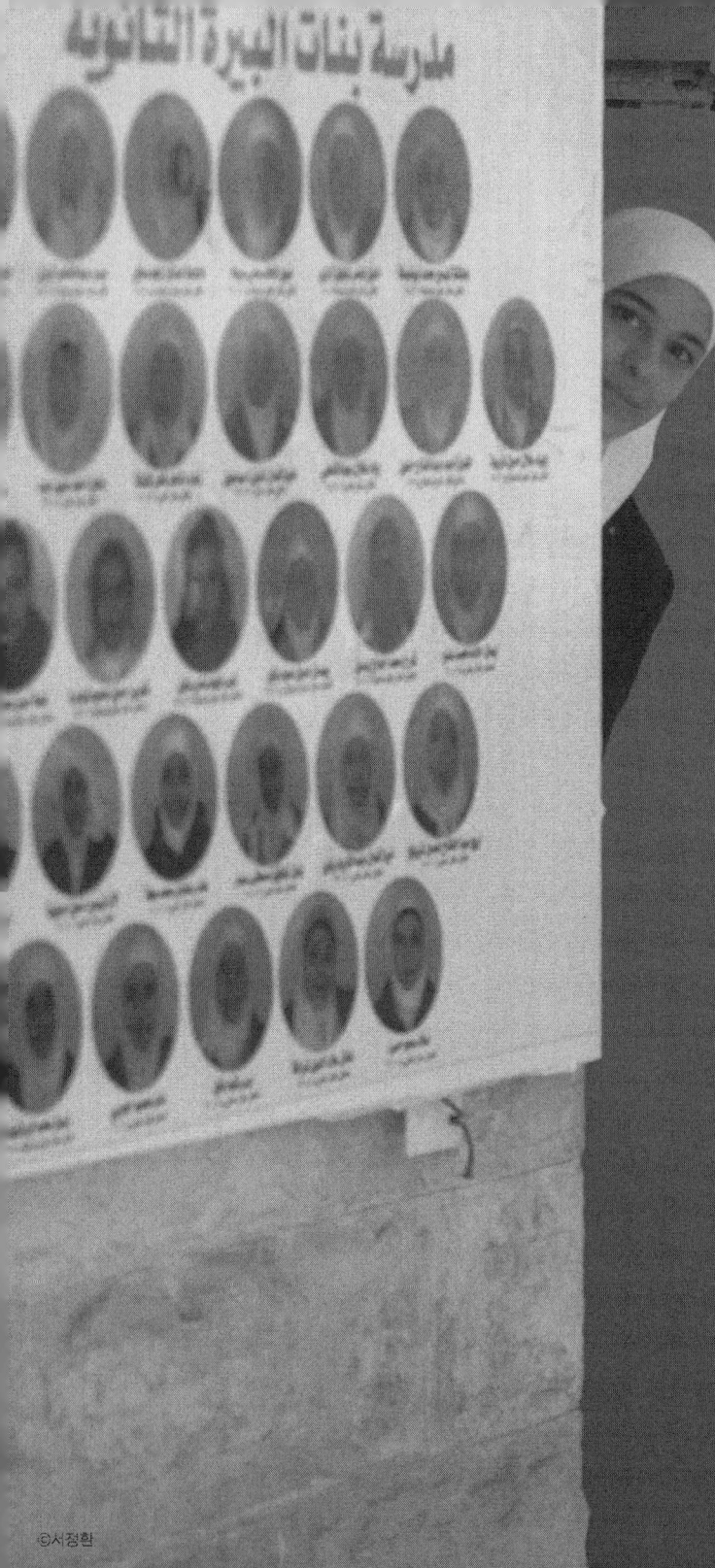

1

이슬람에서
여성으로
산다는 것은

한편 명예살인 대부분이 이슬람 문화권에서 발생하기 때문에

사람들은 이를 종교에서 유래한 전통으로 오인하기도 한다.

하지만 명예살인이야말로

가장 반反이슬람적이라고 보는 사람이 많다.

명예를 위해 죽다

부르카를 벗었다는 이유로 명예살인을 당한 아프가니스탄의 여성 방송인 샤이마 레자위의 이야기는 이슬람 사회 여성의 인권 문제에 세계인의 이목을 집중시키기에 충분한 사건이었다. 피의 복수, 즉 명예살인은 대부분의 문화권에서는 이미 오래전에 사라졌지만 유목민으로서 오랜 세월 혈연 공동체를 이루어 살아온 많은 이슬람 문화권 국가에서는 아직도 면면히 세습되고 있는 풍습이다. 여기에서 주목해야 할 것은 명예살인의 성별화된 정치학이다. 명예살인은 그 대상이 대부분 여성이며, 여성의 섹슈얼리티(이데올로기, 제도나 관습에 따라 규정되는 사회적인 성性)를 통제하는 역할을 하고 있다. 남성의 명예를 '유지'하거나 '회복'하기 위해서 언제든지 목숨을 빼앗을 수 있는 소모품 정도로 여성을 치부하는 사고방식이 명예살인을 가능하게 하는 가장 중요한 이유다. 중동 남성들의 명예는 여성이 흘린 피의 대가라 해도 과언이 아니리라.

이슬람 사회에서 혈통과 가문은 남성만의 것이므로, 여성의 몸은 재생산의 도구일 뿐이다. 그러니 가문의 명예를 위해 여성이 목숨을 바치는 것쯤이야 너무나 당연하다. 아내나 누이가 성폭행을 당하거나 혼외 성관계를 가졌을 경우, 그녀들은 명예살인의 대상이 된다. 곧바로 아버지나 오빠, 남편이 처벌의 임무를 수행한다. 이때 가문의 명예를 위해 여성을 처벌하는 것은 당연하고 마땅한 결과다. 더구나 여성의 처형을 집행한 살인자 남성을 국가권력이 그다지 심하게 통제하지 않으니 상황은 좀처럼 나아질 기미가 없다. 명예살인은 대체로 가족 내부의 문제로 간주되기 때문이다. 여성은 기본적으로 남성 구성원에게 종속되며, 여성의 과오가 아버지나 남자 형제 또는 남편의 명예를 훼손한다는 생각은 중동 지방 사람들의 의식 속에 깊이 뿌리박혀 있다. 또한 명예살인은 가족 내부에서 은밀하게 벌어지며 여기에 정부의 무관심까지 겹쳐 정확한 통계조차 알기 힘든 상황이다.

명예살인은 대체로 농촌 혹은 도시 저소득층에서 많이 일어난다. 개인보다 집단을 우선시하고 가부장제를 중요한 가치로 생각하는 경향이 도시인에 비해 강하기 때문이다. 국가별로는 파키스탄과 그 인근 지역에서 명예살인이 가장 많이 발생하는 것으로 밝혀졌다. 유엔인구활동기금(UNFPA)은 전 세계에서 매년 5,000여 명이 명예살인으로 희생당하고 있다고 밝혔다. 그 심각성이 어느 정도인지 짐작할 수 있다.

명예살인의 피해자가 간혹 남성인 경우도 있지만 대부분은 여성이다. 중동 국가 가운데 가장 성공적으로 세속화되었다는 터키에서도 명예살인이 이따금 발생한다. 자신의 명예를 회복하기 위해 아내와 처가 식구 모두를 몰살한 남성이 '할 바를 다했다'며 떳떳하게 인터뷰에 응하는 장면이 간혹 일간지 사회면에 등장한다. 바람난 아내를 '내 손으로' 처벌해야 자신의 명예를 회복할 수 있다는 논리다. 가장 진보적이라고 할 수 있는 대학가에서조차 배신한 애인을 명예살인하는 남학생이 간혹 등장할 정도다.

터키의 경우, 신혼 초야와 명예살인은 관계가 깊었다. 지금은 거의 사라진 풍습이지만 여성의 정조를 목숨보다 중요하게 여기던 시절에 신부는 신랑과 초야를 보내고 난 후 반드시 자신이 혼전까지 '순결'했음을 입증해야 했다. 신랑과 신부가 초야를 치르고 나면, 동이 틀 무렵 신랑 측 여자 어른들이 문밖에서 대기하고 있다가 초야를 치른 침대 시트에 신부의 혈흔이 묻었는지 아닌지를 확인했다. 물론 의학적으로 아무 근거가 없지만 당시 사람들에게는 매우 중요한 통과의례였다. 따라서 혈흔이 묻지 않았을 경우, 신랑은 신부의 순결을 의심하여 결혼을 무를 수가 있었다. 이때 신부의 아버지나 오빠는 신부가 가문의 명예를 더럽혔다는 이유로 명예살인을 했다.

1970년대까지 터키 텔레비전에는 이런 이야기가 많이 등장했다. 어느 젊은 여성이 결혼을 하자마자 남편이 그만 실직을 한다. 대학 교육을 받은 여성은 생계를 꾸려 나가기 위해 남편 대신 취직을 한다. 그러자 이웃 여자들이 직장 다니는 여자를 질투해 온갖 헛소문을 낸다. 직장에서 행실이 좋지 않다는 둥, 남자들과 놀아난다는 둥 하는 이야기를 시어머니에게 들려준다. 이에 분노한 시어머니는 며느리에게 당장 직장을 그만두라고 호통치지만, 생계가 막막한 여자는 가족을 위해 직장에 다닌다. 결국 시어머니는 남편에게 고자질을 하고 남편은 아내에게 상습적으로 폭력을 휘두른다. 이런 상황에 지친 여성은 결국 이혼하고 만다. 문제는 여기에서부터다. 갈 곳 없는 여성은 당분간 시골에 계신 친정 부모님 댁에서 머물기로 한다. 그러나 이혼당하고 온 딸을 반기는 사람은 없다. 친정 부모는 동네 창피하니 나다니지 말라고 협박한다. 집 안에만 갇혀 지내는 데 싫증을 느낀 여성이 바깥출입을 하자 이에 분노한 아버지가 남동생을 불러 누이 탓에 가문의 명예가 훼손되니 명예살인을 하라고 명한다. 결국 여성은 이혼하여 가문의 명예를 실추시켰다는 이유로 명예살인을 당하고 만다.

우리나라에 소개된 터키 소설 중에 명예살인을 주제로 한 작품이 있다. 야샤르 케말의 《독사를 죽였어야 했는데》는 아름답기로 소문난 에스메라는 여인이 자신에게 눈독을 들이던 할릴이라는 남성에게 납치당해 살면서 벌어지는 이야기다. 아이를 낳고 할릴의 아내가 되어 살아갈 수밖에 없는 상황에서 옛 애인이 찾아오고, 옛 애인 압바스가 할릴을 살해하자 이번엔 동네 사람들이 다시 압바스를 죽인다. 그러나 이런 치정 사건이 끝난 후에도 사람들은 에스메에게 할릴 가문의 명예를 더럽혔다는 이유로 자살을 종용한다. 결국 일곱 살 난 아들 하산이 어머니 에스메를 명예살인하는 것으로 소설은 끝이 난다. 이 소설은 허구가 아니라 작가 자신이 수감 생활을 하던 중 감옥에서 만난 한 소년이 겪은 실제 이야기를 바탕으로 한 것이다. 아들이 어머니를 명예살인할 수밖에 없는 터키 사회의 분위기와 악습을 비판하고 있는 것이다.

피해자 대부분이 여성이라는 점과 여성의 정조를 그 이유로 삼는다는 점에서 명예살인이 자행하는 여성의 인권침해는 가히 심각한 상황이라고 할 수 있다. 그런데도 이러한 명예살인이 끊임없이 자행될 수 있는 이유는 무엇일까? 그것은 바로 현행법의 관행 때문이다. 대부분의 국가가 명예살인은 일반 살인 사건과 다르다고 보고 아주 경미한 처벌을 내리는 것에 그치고 있다.

한편 명예살인 대부분이 이슬람 문화권에서 발생하기 때문에 사람들은 이를 종교에서 유래한 전통으로 오인하기도 한다. 하지만 명예살인이야말로 가장 반反이슬람적이라고 보는 사람이 많다. 명예살인은 오히려 이슬람 전통이나 종교 정신에 위배되며 부족사회 전통에서 비롯된 악습일 뿐이다. 그러므로 정부나 종교 단체가 의지를 가지고 적극적으로 나선다면 이러한 악습은 근절될 수 있을 것이다. 그러나 안타깝게도 대부분의 국가가 적극적으로 조치를 취하기보다는 방관하는 자세로 일관하고 있다. 요르단과 파키스탄 등에서는 2004년과 2005년에 명예살인 금지 관련 법안이 국회에 제출되었으나 기각되었다. 현재로서는 국제사회의 적극적인 관심과 배려만이 이 문제를 해결할 수 있는 동력을 제공할 수 있을 것으로 보인다.

명예살인과 관련된 다큐멘터리와 책

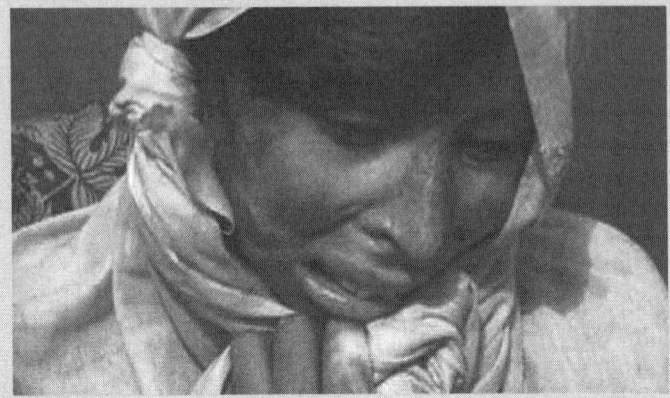

ⓒAyfer Ergün

다큐멘터리 〈명예살인Against My Will〉, 아이페르 에르귄 감독, 2002.

파키스탄에 있는 다스탁센터에는 많은 여성들이 남편의 학대와 원하지 않은 결혼을 피해 생활하고 있다. 쿠브라도 그들 중 하나이다. 그녀는 남편의 폭력을 피해 가출하여 센터에서 생활하다 가족들의 간곡한 권유로 집으로 돌아간 지 3주 만에 가족에게 살해당했다. 영화에 등장하는 또 다른 여성 라지아는 14세에 70세의 남자에게 팔려가 18년 동안 결혼 생활을 하다 바로 그 남편에 의해 온몸에 심한 화상을 입고 6개월 넘게 센터에서 생활하고 있다.
터키 출신의 아이페르 에르귄 감독은 여성들이 노예나 다름없는 대우를 받는 파키스탄에서 고통받는 여성들의 힘겹고 고달픈 현실을 여과 없이 보여준다. 명예라는 미명하에 자행되는 여성에 대한 억압과 폭력을 통해 파키스탄의 가부장적 사회가 안고 있는 문제점을 차분하지만 강한 어조로 비판한다.

자료 제공 서울국제여성영화제

《독사를 죽였어야 했는데》, 야샤르 케말 지음, 오은경 옮김, 문학과지성사, 2005.

"그래도 여기를 떠나시오. 여기 있으면 곧 죽게 될 거요. 내가 형수를 살려둔다고 이제 어머니는 나하고 말도 안 해요. 이브라힘 형도 형수를 벼르고 있지만 내 눈치만 보는 중이오. 여길 떠나요. 재산이고 뭐? 다 버리고, 애도 버려요. 난 분명히 말했소. 당신은 죽게 될 거요. 내가 할 수 있는 일은 이제 없소. 할릴 형을 죽인 게 형수라는 걸 온 마을 사람들이 다 알고 있고, 또 온 아나바르자 지역에 얘기가 떠돌고 있소. 형수가 여기 버티고 있으면, 아마도 내가 당신을 죽일지도 몰라요. 여길 떠나 목숨을 보존하시오. 다시 이 집에서, 또 피를 보고 싶지 않으니. 나도 이젠 지쳤소. 내가 형수를 그냥 놔둔다 해도, 아마 내 아이들이 가만히 있지 않을 거고 아니면 이브라힘 형이 죽일지도 모르지. 아니면 어머니 친척들, 삼촌들, 사촌들이 당신을 가만히 놔두겠소? 언젠가 죽게 될 것은 너무도 뻔한 일이오. 만약 아무도 처치 못하면 형수 아들 하산을 시켜 죽이도록 할 거요."

많은 나라에서 종교적 신념이나 관습과 전통을 잇는 상징적 기제로

여성 할례를 받아들이고 있지만,

유엔은 1993년 빈 인권회의에서

여성 할례를 명백한 인권침해로 규정했다.

여성 할례, 전통인가 악습인가

이슬람 문화권에서 명예살인 외에 여성 인권침해의 대표적 사례로 여겨지는 것이 있으니 바로 여성 할례다. 많은 사람이 여성 할례를 이슬람 문화권의 전통으로 알고 있지만 실상 그렇다고 할 수는 없다. 여성 할례는 모든 중동 국가에서 보편적으로 행해지지도 않으며, 대부분 국가에서는 사라진 지 오래다. 뿐만 아니라 《꾸란》이나 '순나'에서는 여성 할례에 대한 언급을 찾을 수조차 없다. 무함마드의 언행록이라고 할 수 있는 《하디스》에서 단 한 번 예언자 무함마드가 언급했다는 구절을 볼 수 있을 뿐이다.

여기에서 잠깐 순나와 《하디스》에 대해서 알아보자. 순나는 이슬람을 전한 예언자 무함마드의 언행을 따르는 관행을 일컫는다.

무함마드를 따름으로써 충실한 신앙생활을 할 수 있다고 믿기 때문에 이슬람에서 매우 중요하게 여긴다. 그러나 의무라기보다는 권장 사항 같은 것이다. 《하디스》는 이슬람에서 《꾸란》 다음으로 꼽히는 책으로, 무함마드의 언행을 수록하고 있다. '하디스'는 기록·이야기·전승이라는 뜻으로, 무함마드가 죽은 후 200년 동안 구두로 전해 내려온 그의 언행을 수록한 것이다.

《하디스》에는 무함마드가 메카에서 포교를 하다가 박해가 심해지자 난을 피해 메디나로 피난했을 때 생사를 같이했던 교우들이 여성 할례를 해야 하냐고 묻자 단순히 "과도하게 자르지 마시오"라고 대답했다는 내용이 적혀 있다. 그러나 이 말은 강제성이 거의 없으며, 이 말에 따라 법을 만들 근거 또한 없다는 해석이 일반적이다. 할례와 관련된 《하디스》 내용에 관해서는 학파들 간에도 의견이 엇갈린다. 할례를 남녀 모두의 의무로 해석하는 사람도 있고, 남녀 모두에 대한 권장 사항으로 해석하기도 하며, 남성에게는 강제적인 것으로, 그러나 여성에게는 권장 사항으로 해석하기도 한다. 하지만 여성 할례는 고대에서 전해 내려오는 전통일 뿐 이슬람에서는 그 근거를 찾을 수 없다고 주장하는 학자들이 대부분이다.

할례의 기원에 대해서도 의견이 분분하다. 고대 이집트에서 할례가 처음 행해졌다는 주장도 있고, 고대 아프리카의 성인식에서 행해지던 관습이 이집트에 전해졌다는 의견도 있다. 이슬람 이전의 이집트, 아라비아, 홍해 연안에서 할례가 행해졌던 것은 확실하지만, 종교와는 관계없이 관습과 전통으로 행해졌던 것으로 보인다. 현재는 20여 나라에서 할례가 행해지고 있는 것으로 알려졌다.

여성 할례는 클리토리스, 대음순, 소음순, 질 입구 등을 잘라내는 정도에 따라 형식이 조금씩 다르다. 가장 일반적이고 간단한 형태는 클리토리스를 제거하거나 음순의 일부를 제거하는 것인데, 이것을 순나형이라 한다. 가장 심각한 형태는 성교를 못 하도록 음부를 봉쇄하는 파라오형이다. 이때 클리토리스와 음순은 제거되며 소변과 월경혈이 통과될 정도의 작은 구멍만 남겨두고 그 주변을 같이 꿰매거나, 어떤 경우에는 항문과 음모도 같이 꿰맨다. 이때 꿰맸던 부위는 결혼할 때 개봉하여 남편에게 순결과 처녀성을 입증하기도 한다. 또한 여성이 출산을 한 뒤 다시 꿰매는 등, 임신과 출산마다 반복해 시술하기도 한다. 할례는 이렇듯 폭력적일뿐더러, 무엇보다도 여성의 쾌락을 억압하기 위해 자행되고 있다는데 그 심각성이 있다. 더구나 다야daya라는 전통적인 할례 시술자가 안전 조치도 없이 면도칼이나 유리 조각 등으로 불법 시술을 하고 있어서 많은 여성이 수술 도중 정신적 충격을 받거나 감염되어 사망하기도 한다. 최근에는 아프리카 여러 나라에서 할례에 저항

할례의 참혹함을 보여주는 책

《사막의 꽃》, 와리스 디리 지음, 이다희 옮김, 섬앤섬, 2005.

와리스 디리는 여성 할례를 알라의 축복으로 믿는 소말리아 출신 여성이다. 관습에 따라 그녀는 어머니를 졸라 할례를 받았다. 낯선 집시 여인이 휘두르는 면도날에 몸을 맡기고 성기 한쪽이 잘려져 나갔을 때, 그녀는 비로소 온전한 여성이 되었다고 믿고 자랐다. 소변을 볼 때나 생리 중에 배를 움켜잡고 아무 말 없이 고통을 견딜 수 있었던 것은 바로 그녀의 여성성이 온전하며 자연스러운 우주의 축복이라고 믿었기 때문이었다.

그러던 그녀는 소말리아 사막을 건너 유럽 땅과 만나 새로운 삶을 시작하게 되고, 자신이 획득한 여성성은 위선이며 자연이 부여한 여성성을 폭력적으로 훼손한 것임을 알게 된다. 자신이 태어난 고향의 전통이 그녀의 신체에 그토록 가혹하고 폭력적인 만행을 저질렀다는 사실은 몸속에 드리워진 깊은 상처만큼이나 그녀의 삶을 무겁게 짓누르는 형벌이었다. 하지만 그녀는 주저앉지 않고 나아가 세계적인 슈퍼모델이 되었고 2004년 '올해의 여성 인권상'을 수상했다. 이 책은 인권 운동가로도 활약하고 있는 그녀의 자서전으로, 여성 할례의 참혹함을 있는 그대로 보여준다.

"그리고 곧 내 살이, 내 성기가 잘려 나가는 것을 느꼈다. 무딘 칼날에 쓱싹쓱싹 살이 잘려 나가는 소리가 들렸다. 그 느낌을 말로 설명하는 것은 불가능하다. 누군가가 허벅지의 살이나 팔을 자르는 느낌과 비슷하다. 잘려 나가는 부분이 온몸을 통틀어 가장 민감한 부분이라는 것을 제외하고는. 정신을 차렸을 때는 다 끝난 줄 알았지만 가장 끔찍한 부분이 남아 있었다. 안대가 벗겨지자 죽음의 여인 옆에 쌓인 아카시아 나무의 가시들이 보였다. 가시로 살에 구멍을 여러 개 뚫은 다음 그 구멍을 희고 질긴 실로 엮어 꿰맸다. 다시 눈을 떴을 때 내 다리는 움직이지 않도록 발목에서 골반까지 천으로 꽁꽁 묶여 있었다. 나는 고개를 돌려 바위 쪽을 보았다. 마치 바위 위에서 가축을 도살한 것처럼 피가 흥건히 고여 있었다. 잘려 나간 내 살, 내 성기가 바위 위에서 가만히 햇빛을 받으며 말라가고 있었다."

해 가출하는 소녀들이 늘고 있어 사회문제가 되고 있다.

그럼에도 불구하고 여성들은 왜 대를 이어 할례를 하는 것일까? 2004년 서울국제여성영화제에서는 소말리아 여성의 할례를 주제로 한 다큐멘터리를 상영했다. 인터뷰에 응한 여성들은 딸에게 할례를 해주어야만 어머니로서 도리를 다하는 것으로 생각한다고 대답했다. 그리고 여성 할례는 전통이므로 반드시 지켜야 하며, 이를 통해 사회의 구성원으로서 행복한 삶을 영위할 수 있다고 믿고 있었다. 그 밖에도 위생적 이유로 또는 결혼할 때까지 처녀성을 유지하기 위해 할례를 해야 하는 것으로 생각하는 여성이 많았다.

할례를 받은 뒤 부작용이 생기거나 염증 또는 파상풍의 위험에 노출되는 사례를 심심찮게 보는데도 불구하고, 여성 대부분은 할례를 받아야만 정조를 입증할 수 있다고 생각한다. 남성들이 여전히 여성의 순결에 집착하고 있기 때문이다. 남성들은 심지어 할례가 여성의 성욕을 제거해준다고 믿어, 그렇게 해야 남성이 여러 아내를 거느릴 때 여성의 성욕을 통제하고 관리할 수 있다고 생각하기까지 한다.

일부에서 종교적 이유로 할례를 한다고 답하기도 하지만, 사실 이슬람교에서는 강력하게 여성 할례를 의무화하고 있지는 않다. 더구나 그 기원에 대해서도 논란이 많으므로 할례를 종교적 의무로 받아들이는 것은 잘못된 것으로 보아야 한다. 많은 나라에서 여성 할례를 종교적 신념이나 관습 및 전통을 잇는 상징적 기제로 받아들이고 있지만, 유엔은 1993년 빈 인권회의에서 여성 할례를 명백한 인권침해로 규정했다.

할례와 관련된 다큐멘터리

©Pratibha Parmar

다큐멘터리 〈전사의 징표 Warrior Marks〉, 프라티바 파마 감독, 1993.

같은 제목의 앨리스 워커의 책을 기반으로 한 영화로, 할례를 경험한 아프리카와 서구 여성들의 인터뷰를 담았다. 워커 자신을 포함한 여러 여성들의 경험을 통해 범세계적인 여성 억압 문제를 제기한다. 인터뷰 장면과 그녀들이 직접 말하는 할례의 경험이 교차되어 보여지며, 할례 시술을 춤으로 상징화함으로써 선정주의 혐의를 피해간다. 서정적인 아름다움을 잃지 않으면서도 날카로운 통찰력을 보여주는 감동적인 영화이다.

ⓒKim Longinotto

다큐멘터리 〈잊지 못할 그날 The Day I Will Never Forget〉, 킴 론지노토 감독, 2002.

지구 곳곳을 다니며 여성주의와 관련된 다큐멘터리를 제작해온 킴 론지노토 감독의 작품으로, 여성 할례와 전통적인 결혼 풍습에 저항하는 소녀들에 관한 이야기이다. '잊지 못할 그날'이라는 제목은 할례의 경험을 시로 옮김으로써 그 고통을 기억하겠다는 한 소녀의 시에서 따온 것이다. 한 마사이족 소녀는 나이 든 남자와 결혼하라고 강요하는 어머니를 피해 가출을 감행하며 또 다른 소녀들은 할례를 시키려는 부모에게 맞서 집단 소송을 건다. 영화 중간 그 어떤 생략이나 논평 없이 약 10여 분간 제시되는 두 소녀의 할례 시술 장면은 고통스럽고도 충격적인 방식으로 남성중심주의가 지역적 관습 및 전통, 그리고 결혼 및 가족제도와 얼마나 단단하게 결합되어 있는지 그리고 그것이 얼마나 여성의 육체와 정신을 억압하는지 보여준다.

자료 제공 서울국제여성영화제

《꾸란》이 일부다처제를 도입한 궁극적인 목적은

여성을 위한 복지 제도를 마련하는 것이었다.

현대사회처럼 여성이 생계를 위해 직업을 가질 수 없는 상황에서

유일하게 생계를 보장받는 방법은

남성에게 부양받는 것이었던 것이다.

누구를 위한 일부다처제인가

이슬람의 전통적 결혼 제도인 일부다처제는 여성의 인권을 억압한다는 서구의 비판을 받고 있다. 이슬람의 결혼관이 무엇이기에 《꾸란》에서 일부다처제를 주장하는 것일까?

7세기 아라비아 반도에서는 가부장 질서가 강화되면서 이슬람 문명에 일대 개혁의 바람이 일었다. 특히 메카에서는 섬유 유목민들이 등장하면서 그들의 상업 질서에 따른 변화가 일고 있었다. 이러한 내부의 변화뿐만 아니라 이란인의 유입이라는 외부적 변화 또한 이 지역의 문화가 변화하는 데 큰 영향을 미쳤다. 북부로는 시리아와 비잔틴제국 그리고 남부로는 에티오피아와 예멘을 오가던 이란인들은 북부 아라비아로 침투했고, 이들로 인해 아라비아 반도는 이웃 국가들의 사회구조 및 젠더 문화와 직면하게 되었던 것이다. 지역사회로부터 여성을 '격리' 및 '배제'하여 지배를 강화해오던 지중해 연안과 메소포타미아 인접국의 문화가 상인들에 의해 유입되는 사회 분위기에서 이슬람의 여성관이 형성되었고, 혼인에 관한 사항도 《꾸란》에 명시된다.

《꾸란》은 일부일처제를 원칙으로 제시하면서도 일부다처제를 합법적으로 허용하고 있다. 그러나 일처다부제는 허용하지 않는다. 아이의 아버지를 식별하는 것이 거의 불가능하다는 게 그 이유다. 당시 아라비아 반도에는 모계 중심의 결혼 제도가 존재하고 있었음에도 부권 중심의 결혼 제도인 일부다처제가 남성의 여성 보호를 의무화하기 위한 대표적인 사례로 정착한 것을 볼 때, 당시 주변국의 막강한 가부장적 제도에서 많은 영향을 받았음을 미루어 짐작할 수 있다. 한 남자가 둘 수 있는 아내의 수는 네 명까지 허용된다. 그렇다면 이슬람은 무엇 때문에 일부다처제를 허용한 것일까?

전쟁에서 생긴 과부들을 가장 인간적인 방법으로 구제하기 위해서라는 것이 무엇보다도 큰 이유다. 물론 이러한 일부다처제는 당시의 시대상을 반영하고 있다. 히즈라역(이슬람력) 3년(624년) 두 차례에 걸친 꾸라니쉬 부족과의 전투에서 많은 남성이 사망하고 난 후, 한 남성이 여러 여성을 거느리고 보호하도록 일부다처제를 택했다는 것이다. 전쟁 과부들의 물질적 결핍은 국가·사회단체·종교 단체가 충족해줄 수 있으나 성욕은 결혼으로만 충족될 수 있는 인간 본성의 문제로 보았기 때문이다. 그러므로 《꾸란》에서는 당연히 과부와의 결혼도 장려하고 있다.

즉 《꾸란》이 일부다처제를 도입한 궁극적인 목적은 여성을 위한 복지 제도를 마련하는 것이었다. 현대사회와는 다르게 여성이 생계를 위해 직업을 가질 수 없는 상황에서 유일하게 생계를 보장받는 방법은 남성에게 부양받는 것이었던 것이다. 남성 입장에서도 여러 처를 거느리는 일은 권리보다는 의무의 뜻이 더 컸다. 오늘날 부모에게 버려진 아이를 위해 입양을 권장하는 것과 별로 다르지 않게, 당시는 전쟁 과부를 구제하기 위한 '복지 제도'로서 일부다처제가 권장되었던 것이다.

한편 남성들은 아내가 임신을 못해 대를 잇지 못하거나 불치병에 걸려 정상적인 부부 생활이 불가능한 경우에도 종족 보존을 위해 다른 여성과 결혼하는 것을 당연하게 생각했다. 다만 《꾸란》에서는 제한된 일부다처제를 허용하면서 아내를 네 명으로 한정하고, 부인들을 편애하지 말아야 하며 각 가족을 부양할 충분한 재정 능력이 있어야 하고 위에서 언급한 특수한 환경에서만 허용한다고 덧붙이고 있다. 부인을 네 명으로 제한한 이유는 부자들이 방탕한 생활을 하는 것을 방지하기 위해서였다. 구체적으로 살펴보면, 각 부인 소유의 독립가옥을 마련해주어야 하고 남자의 낮 시간과 밤 시간을 각 부인에게 균등하게 분배해야 하며, 아침이 되면 각 부인을 찾아가 낮에 남자가 할 일을 알려야 한다. 부인들을 공정하게 사랑할 자신이 없고 그로 인한 풍파가 염려된다면 반드시 일부일처를 하라고 《꾸란》은 제시하고 있다.

하지만 일부다처제가 여성에게 유리한 제도가 결코 아니었던 것은 명백하다. 사람의 감정이 어찌 아내 네 명을 공정히 사랑할 수 있을까. 아내들 사이에서 남편의 사랑을 차지하고자 암투가 벌어졌을 것은 너무도 당연한 일이다. 필자가 유학 시절 잘 알고 지내던 서점 주인은 쿠르드족이었다. 독실한 무슬림이자 수니파인 쿠르드족은 아직도 일반적으로 두 명의 아내를 둔다. 쿠르드족의 풍습대로 아내 둘과 한 지붕 아래 살았던 서점 주인은 젊은 시절 단 하루도 편한 날이 없었다고 토로한다. 두 아내는 하루가 멀다 하고 머리채를 부여잡고 싸움을 했다고 한다. 아내들이 이제 나이가 들고 더 이상 남편이 필요 없는 노인이 되자 그럭저럭 오순도순 살게 되었다며 그는 웃었다.

터키의 드라마에는 이런 이야기가 자주 등장한다. 어느 한 시골

ⓒRoel Wijnants

《꾸란》에서는 제한된 일부다처제를 허용하면서 아내를 네 명으로 한정하고, 부인들을 편애하지 말아야 하며 각 가족을 부양할 충분한 재정 능력이 있어야 하고 위에서 언급한 특수한 환경에서만 허용한다고 덧붙이고 있다.

마을에서 시집온 여성이 아무리 기다려도 아기를 갖지 못하자 남편에게 둘째 부인을 얻어주려고 악착같이 돈을 모은다. 첫째 부인은 한 푼 두 푼 돈을 모아 이웃 마을에 가서 신부대Mahr(결혼할 때 남자가 여자에게 주는 돈)를 주고 아이를 낳아줄 여성을 데려온다. 둘째 부인은 남편의 사랑을 독차지하려고 애를 쓰지만 뜻대로 되지 않자 음모를 꾸며 첫째 부인을 쫓아낼 궁리를 한다. 첫째 부인이 자발적으로 이웃 마을에 가서 둘째 부인을 구해오는 일이 우리에게는 매우 어색하게 느껴지지만 무슬림 사회에서는 쉽게 볼 수 있는 일이다. 심지어 가족 중의 한 사람이 청혼을 해야 하므로, 남자가 부인 중 한 명을 보내 청혼하는 경우도 흔히 볼 수 있다.

일부다처제는 중동 국가에서 이미 사라져가고 있는 결혼 제도이지만 오랜 역사를 거치면서 보편타당한 삶의 형태인 것처럼 사람들의 의식 속에 자리 잡았으므로 쉽게 모습을 감출 것 같지는 않다. 몇 해 전 사우디아라비아의 어느 대학에서 실시된 설문 조사는 가장 진보적인 대학생들조차 일부다처제에 별 거부감이 없는 현실을 잘 보여준다. 나이가 많고 기반이 탄탄한 남성의 둘째 부인과 별로 가진 것 없는 또래 남성과의 연애결혼 중에서 어느 쪽을 선택할지를 묻는 설문 조사였는데, 놀랍게도 거의 90퍼센트가 넘는 여성이 나이 많고 돈 많은 남성의 둘째 부인이 되기를 선호한다고 대답했다. 사랑보다는 경제적 윤택함을 택하겠다는 현실적인 판단이 앞선 탓이기도 하겠지만, 여성들이 일부다처제를 당연한 삶의 형태로 받아들이고 있기에 이런 결과가 가능했을 것이다.

《꾸란》의 결혼관

이슬람 사회에서 법의 모체이자 실정법과 다름없는 《꾸란》에 따르면, 결혼은 종교적 미덕이며 성도덕과 윤리를 지키고 타락을 예방하는 안전장치다. 또한 각 개인이 정상적인 삶을 영위할 수 있는 가족의 출발점으로서 아주 중요한 의미를 지닌다. 이슬람은 결혼을 통해 남자와 여자가 알라와 더불어 서로 간의 강한 유대 및 서약 관계를 굳건히 할 수 있다고 본다. 그리고 인간이 육체적 · 도덕적 · 영적 질병으로부터 보호받고, 사랑과 마음의 평화를 얻으며, 자녀를 출산하여 친인척의 관계 범위를 확대하는 데 결혼의 목적이 있는 것으로 《꾸란》에 정하고 있다.

이는 성에 대한 지나친 절제나 금욕이 인체의 신진대사를 비정상적인 상태로 만들 수 있으며 미혼으로 남아 있을 경우 불법적 성관계에 빠질 우려가 있으므로 결혼을 통해 성적 타락과 성병의 발생을 예방해야 한다는 생각에서 비롯한다. 같은 맥락에서 금욕주의와 독신주의도 배제한다. 무함마드의 일부 교우들이 금욕 생활이 신에게 접근하는 숭고한 방법이라고 생각하여 여성을 멀리하기로 결정한 적이 있었다. 이 사실을 안 무함마드는 금욕주의와 독신주의를 금지했다. 이슬람은 결혼을 금지하는 승려 제도나 신부 제도를 인간 본성에 위배되는 것으로 보고 있다.

무엇보다도 이슬람에서 결혼은 가족을 형성하는 출발점이다. 엄격한 성도덕을 기반으로 하는 이슬람에서 출산은 결혼 제도 안에서만 가능하다. 결혼은 무슬림 남녀 모두가 꼭 지켜야 할 신성한 계약이며 의무 사항이다. 또한 결혼은 자기 자신의 의무일 뿐만 아니라 타인에 대한 책임이기도 하다. 미혼 남녀 하인이 결혼할 연령에 이르면 주인은 이들을 혼인시켜야 하고 과부나 홀아비 등 배우자가 없는 남녀도 재혼을 해야 한다고 《꾸란》은 명령하고 있다.

경제적·성적 능력이 있는 남성은 당연히 결혼을 해야 한다. 경제적 능력이 없는 남성이 노총각으로 늙도록 방치해서도 안 된다. 그래서 국가가 자카트(구빈 종교세)에서 가난한 남성이 여성에게 주어야 할 신부대와 결혼 비용을 무이자로 융자해주어야 한다고 주장하는 사람들도 있다. 이처럼 《꾸란》은 결혼을 모든 무슬림이 수행해야 하는 의무 사항으로 규정하고 있다.

'원리주의'라는 용어는 1920년 미국에서 과격한 기독교 복음주의자들이
극단적인 세속화에 반대하여 벌인 운동에 처음 붙여진 이름이다.
반면 '이슬람 원리주의'는 1940년대
서구식 정치 질서와 세속주의에 반대하는 일체의 이슬람 운동에
서방세계가 이름 붙인 용어다.

원리주의에 갇힌 여성

베일 논쟁은 특히 이슬람 원리주의와 연관되어 거론되는데, 이는 아프가니스탄에서 탈레반 정권이 권력을 장악하면서 여성을 강제로 집 안에 가두고 베일을 쓰게 했던 사건들에서 비롯한다. 탈레반 정권은 여성들을 집에 감금하다시피 하면서 병원이나 학교 등 공적 공간에 접근할 수 있는 기회를 주지 않았다. 베일(부르카)을 쓰지 않은 여성은 길거리에서 종교경찰에게 구타를 당하는 등 모진 세월을 견뎌야 했다. 이런 이유로 이슬람 원리주의가 이슬람 여성의 인권 문제를 야기한 가장 중요한 원인으로 지목받은 것이다. 그러나 이는 역사적 맥락에서 좀 더 다양한 각도로 살펴봐야 할 문제다. 이슬람 원리주의의 역사적 연원을 거슬러 올라가보자.

유럽이 암흑의 질곡에서 벗어나지 못하던 중세에 이슬람 세계는 세계 최고 문명을 자랑하는 가장 찬란한 시대를 관통했다. 과학과 기술의 발전은 물론 그리스·로마의 고전이 아랍어로 번역되었고, 이슬람은 그리스·로마의 학문을 보존하여 유럽에 전해주는 문화적 교량 역할을 하여 유럽의 르네상스를 일으키는 원동력이 되기도 했다. 천문학 astronomy, 점성학 astrology, 화학 chemistry, 연금술 alchemy, 대수학 algebra, 연산학 algorism 같은 학술 용어 그리고 알코올 alcohol, 설탕 sugar, 레몬 lemon, 커피 coffee 같은 서구의 생활 용어가 당시 아랍어에서 파생되었음을 고려해 볼 때 그 문화적 파급력이 예사롭지 않았음을 짐작할 수 있다.

중세에 절정을 이룬 이슬람 문명의 영광은 오스만제국(1299~1922)으로 이어졌다. 그러나 오스만제국은 오랜 번영에 취해 세상의 변화를 읽어내지 못했다. 이슬람 세계가 아직도 정신적 우월감에 사로잡혀 있을 때 유럽은 자본주의와 합리주의를 바탕으로 새로운 물질문명의 틀을 구축해간 것이다. 18세기 이후 자기 혁신에 실패한 이슬람 세계는 산업화에 성공한 유럽에 점점 뒤처지기 시작했고, 결국 유럽과 이슬람 세계의 위상은 뒤바뀌고 만다. 유럽과 다른 아시아 국가들의 위협에 대처하기 위해 군비를 증강하고 크고 작은 전쟁을 치르느라 재정을 탕진한 오스만제국의 경제는 급격히 쇠락했다. 또한 대항해시대(15~18세기경)를 맞이하여 유럽이 대서양부터 인도양까지 대외무역을 독점하게 되자, 오스만제국은 자신들이 누려왔던 중계무역의 경제적 이권을 유럽에 심각하게 침탈당했다. 무엇보다 기술력 부족으로 인한 농업 생산 감소 그리고 조선술과 무기 체계에서의 열세는 걷잡을 수 없이 중동의 쇠퇴를 가속화했다.

이렇게 근대화에 성공하지 못한 이슬람권 지역 대부분은 19세기 말과 20세기 초 사이에 서구의 식민지로 전락하고 만다. 이때 이들은 서구 열강의 가혹한 탄압과 경제 수탈로 씻을 수 없는 좌절을 경험했다. 이런 상황에서 이슬람의 가치를 다시 회복하여 새로운 진로를 모색하려는 이슬람 부흥 운동이 싹텄다. 이슬람 부흥 운동은 제국주의 열강의 침탈에 대항한 총체적 운동으로서, 반외세·반세속을 공통분모로 하여 이슬람의 정통성을 보호하고 권리를 발전시키자는 근본 취지를 담고 있었다. 당시 이슬람 부흥 운동은 이슬람 급진주의자 Islamic Radicalists, 이슬람 개혁주의자 Islamic Reformist 등으로 불리기도 했으며, 이후 서구에서는 이슬람 원리주의 Islamic Fundamentalism로 불렸다. 정작 이슬람 국가에서는 아랍어로 우술리야 usuliyyah 라고 일컫는다.

중동 여러 지역에 점점 이슬람 원리주의가 퍼지면서 리비아와 파키스탄에서 이슬람법이 강화되어 적용되었고, 이집트와 터키에서는 과격 단체들이 출현했으며, 1979년에는 드디어 이란의 호메이니가 이슬람 혁명을 성공시키는 등 이슬람 원리주의 활동은 절정에 이른다. 중동에서 이처럼 반서구·반제국주의 사상이 싹트면서 이슬람 원리주의자들의 세력이 급격하게 확장된 배경은 무엇일까?

무엇보다도 아랍 국가들의 경제 사정이 나빠졌기 때문이다. 서구화로 인한 개발계획은 기대만큼의 성공을 거두지 못했고, 공업화로 농업이 부진해지자 많은 농민이 도시로 이동해 거대한 하류 계층을 형성했다. 그러자 이들은 이슬람 속에서 새로운 세계관과 사회적인 결속을 모색한다. 특히 고유문화의 붕괴는 원리주의에 불을 지폈다. 근대화를 추진하면서 서구 물질문화와 세속 문화가 아랍 고유의 문화를 황폐화했고, 결국 천 년 이상 내려온 무슬림의 주체성은 위협받는 지경에 이른다. 서구 식민지 교육이 이슬람을 외면하거나 무시했기 때문이다. 반면 독립 이후 무슬림은 교육에서 종교를 주요한 부분으로 여겼으므로, 이슬람 원리주의는 힘을 얻을 수 있었다. 이러한 사회 분위기 속에서 이슬람 원리주의는 하나의 정치적 대안으로 부상한다. 이집트의 예를 보자. 1960년대 나세르 정권의 사회주의 노선과 1970년대 사다트 정권의 서구화

정책은 이집트의 근본 문제들을 해결하지 못했다. 따라서 점점 더 많은 아랍인들은 이슬람만이 가장 자연스러운 대안이 될 수 있다고 믿게 되었다.

대외적으로 이스라엘의 건국에 대항한 반反이스라엘·반서구 운동도 하나의 동인이 되었다. 아랍인들은 이스라엘이라는 존재를 서구의 농간으로 완성된 작품이라고 생각한다. 팔레스타인 문제가 불안정하고 위험한 상태로 아랍 세계에 상존하는 것 또한 서방의 음모 탓이라 여긴다. 더불어 아랍인들은 서구식 경제·정치 제도에 불만을 품고 있다. 이렇듯 많은 아랍인은 대다수 이슬람 국가에 서구식 경제 제도가 가난을, 서구식 정치제도는 독재를, 서구식 전쟁은 패배를 가져다주었다고 생각한다. 때문에 오늘날 많은 무슬림이 이슬람의 방식을 최선이라고 믿으며, 자신들을 구원해줄 유일한 길은 알라가 국민에게 제시한 '진리의 길'이라고 믿는다.

역사적으로 근대사에서 겪은 쓰라린 식민 통치 경험 또한 원리주의의 등장과 무관하지 않다. 아랍 민족의 근대 정치사는 피식민지의 쓰라린 경험이었다. 그들은 오늘날 이슬람 세계를 분열시키고 타락시킨 장본인은 서구 제국주의이며, 이슬람을 수호하는 것이 바로 이에 저항하는 일이라 믿는다. 그리하여 서구와 그에 속한 사람들을 '알라의 적'으로 규정하고 이슬람 원리주의 편에 더욱 바싹 다가서야 한다고 생각한다. 즉 미국은 악마의 화신이며, 모든 선의 표상인 이슬람의 극악무도한 적이라고 여기는 것이다.

'원리주의'라는 용어는 1920년 미국에서 과격한 기독교 복음주의자들이 극단적인 세속화에 반대하여 벌인 운동에 처음 붙여진 이름이다. 반면 '이슬람 원리주의'는 1940년대 서구식 정치 질서와 세속주의에 반대하는 일체의 이슬람 운동에 서방세계가 이름 붙인 용어다.

초기 이슬람 원리주의 운동의 대표적인 예는 아라비아 반도의 사막에서 일어난 '와하비 운동'과 리비아 사막에서 일어난 '사누시 운동'이다. 현대의 이슬람 원리주의는 1920년대부터 시작되었고, 이의 출현은 자본주의와 제국주의의 확장 그리고 이슬람 사회의 몰락 및 식민지화와 관계가 있는 것이 확실하다. 원리주의자들이 말하고자 한 문제는 무너져가는 이슬람 사회와 국가, 종교와 문화를 어떻게 구제하고 개혁하는가였다.

이러한 이슬람 원리주의는 1960년대 이전까지 국수적이고 민족적인 성격을 띠지만, 1960년대 이후 그 성격이 크게 변한다. 온건주의를 버리고 투쟁적인 입장을 취하기 시작한 것이다. 이집트의 사이드 쿠트브는 투쟁적이고 급진적인 이슬람 운동의 창시자였다. 그는 이슬람의 이상과 원칙에서 벗어난 당대 사회를 야만의 시대라고 생각했으며, 따라서 모든 무슬림은 선봉 부대를 조직하여 성전에 참여해야 한다고 주장했다. 이때부터 그는 기존 사회제도에 대항하는 이슬람 운동을 펼쳤다. 원리주의자들은 기존 이슬람 통치자들이 서구나 동구 이해관계의 대리인이며 마찰의 희생자이므로 그들은 과거 이슬람 국가의 영광을 재현할 수도, 무슬림을 보호해줄 수도 없다고 생각했다. 따라서 원리주의자들은 기존 제도를 뒤엎는 길을 선택할 수밖에 없었다. 그것이 이슬람의 이상을 실현할 수 있는 유일한 방법이었다.

이슬람 원리주의는 이슬람 사회의 외적인 압력과 내적인 위기가 직접적으로 반응하여 생겨났다. 그리고 이슬람 원리주의의 변화는 그 압력과 위기가 이전보다 더 강해졌음을 의미한다. 어떤 의미에서 그것은 자기 성찰과 자기 구제의 운동이었다. 다른 문명에서 있었던 개선 노력과 비교해볼 때 신앙과 급진적인 방법에 호소했다는 점이 유일한 차이라고나 할까. 그런데 자기 성찰과 자기 구제 차원에서 전개된 이슬람 원리주의 운동이 어떻게 여성 인권 억압의 근본적인 원인으로 지목되는 것일까?

이슬람 원리주의자들이 집권한 몇몇 나라에서 이슬람 근본 원리를 일상생활에서도 지켜야 한다는 믿음 아래 여성들에게 베일 착용을 강제로 의무화한 것이 그 발단이라고 할 수 있다. 이것은 가부장적 신념과 막강한 독재 체제에서 비롯한 여성에 대한 공권력 남용이며 명백한 인권침해다. 물론 이슬람 페미니스트 중에는 《꾸란》을 재해석해 여성의 삶을 재구성하려고 시도하는 등 이슬람 원리주의의 움직임과 궤를 같이하는 세력도 있다. 이렇듯 《꾸란》에 입각해 여성들의 삶을 개선하려는 시도처럼 이슬람 원리주의가 여성의 권익 신장에 긍정적인 역할을 할 수도 있을 것이다. 하지만 현실적으로는 원리주의를 실천하는 과정에서 여성 인권이 유린되어온 측면이 더 많은 것이 사실이다.

예를 들어 아프가니스탄 탈레반 정권하에서 여성은 부르카를 쓰고 남성을 동반하지 않으면 집 밖으로 외출을 할 수가 없었다. 뿐만 아니라 학교나 병원 등의 공공시설도 제대로 이용할 수 없었다. 부르카를 벗었다는 이유로 명예살인을 당해야만 했던 여성 비디오자키의 슬픈 이야기도 결국은 베일에 얽매인 원리주의에 대한 편집증적 집착과 가부장적 권력의 폭력성이 빚어낸 만행이다.

이란은 더 심각하다. 이슬람 혁명 이후 베일과 집 안에 갇혀 지내야 했던 이란 여성들은 공적 영역에서 활동을 보장받을 수 없었기 때문에 대부분이 직업을 잃었다. 여성들의 집 밖 생활이 자유롭지 못하니, 남편이나 아버지가 없는 여성은 생계를 이어갈 수단이 막막하기만 했다. 여성들은 자신을 보호해주고 생계를 책임져

줄 남성을 찾아야만 했다. 이렇게 해서 생긴 제도가 '시게'다. 시게는 이슬람 종교 지도자인 이맘을 찾아가 혼인 서약을 함으로써 부부가 되는 일종의 계약 결혼 제도다. 혼인 서약을 하면서 혼인 계약과 더불어 기간을 정할 수 있다. 계약 기간은 6개월이 될 수도 있고, 1년이 될 수도 있고, 심지어는 단 하루가 될 수도 있다. 일부다처제와 법률이 인정하는 혼인이 아닌 종교 서약만으로 혼인 서약을 치름으로써 남성은 여성에게서 성적인 만족을 취할 수 있다. 대신 여성은 경제적 문제를 해결할 수 있고 생계를 보장받을 수 있다. 이것은 이란 사회가 여성에게 직업이라는 공적 영역을 보장하지 않았기 때문에 생겨난 혼인 풍습이다. 여성은 생존을 위하여 생계를 보장해주는 남성과 '계약'을 체결함으로써, 결혼 제도를 빙자한 또 다른 방식으로 성매매를 하도록 내몰리게 된 것이다.

사우디아라비아에서도 여성들의 상황은 크게 다르지 않다. 여성은 반드시 남성 보호자가 동행해야만 외출을 할 수 있기 때문이다. 학교나 병원 일 등 생활에 필요한 너무나 일상적인 업무를 위해 외출을 할 때도 남성을 동반해야 하는 것이다. 사우디 여성들이 운전권을 놓고 치열하게 투쟁을 벌이는 이유도 이 때문이다. 그녀들은 운전권만 확보하면 나머지 문제들은 저절로 해결될 것이라고 믿고 있다. 학교 시험을 치르기 위해 등교를 해야 하는데 대리 운전기사를 부르지 못해 시험을 치르지 못했다는 사우디 여성도 종종 볼 수 있다. 사우디 여성들은 운전을 할 수 없기 때문에 대부분 대리 운전기사를 고용하는데, 운전기사를 고용하는 비용으로 월급의 절반 이상을 지출하고 있다고 한다.

탈레반 정권이 무너지면서 아프카니스탄에서 예전과 같은 극단적인 베일 규정과 통제는 사라졌다. 그러나 아직까지 이란과 사우디아라비아에서는 베일을 둘러싸고 벌어지는 문제들이 가히 심각한 수준이다.

이렇듯 이슬람 사회에서 여성 인권 문제의 핵심은 원리주의 자체가 아니라 가부장 권력의 독재적 성격인 것으로 보인다. 사실 이슬람 원리주의는 가부장제와 분리시켜 생각할 수 없다. 이슬람교가 성립된 시기가 이미 철두철미한 가부장제가 완성된 시기였고, 이슬람교는 사막 유목민의 가부장 문화를 기반으로 하고 있다. 이렇듯 이슬람교 자체가 남성 중심의 가부장 문화를 배경으로 성립되었으니, 이슬람 원리주의를 실현하는 과정에서 여성이 주변으로 내몰린 것은 당연한 결과일지도 모른다. 무엇보다도 7세기의 상황에 맞추어 제도화된 이슬람의 법규범을 오늘날의 상황에 적용한다는 것 자체가 상당히 무리인 것도 사실이다.

지금까지 명예살인, 여성 할례, 베일 착용의 강요 등 중동 여성이 맞닥뜨린 인권침해 상황에 대해 살펴보았다. 그 원인으로 서구는 주로 원리주의를 지목하고 있는데, 원리주의는 이슬람교, 아랍의 전통문화, 가부장제, 근대화 등 역사·정치·문화에 대한 총체적인 이해 없이는 섣불리 이야기할 수 없는 문제라는 점이 눈에 띈다. 특히 베일 논쟁은 이러한 원리주의와 인권 문제가 가장 첨예하게 부딪치는 복잡하고도 미묘한 사안인 것이다.

무엇보다도 베일을 처음 쓰게 된 것은 언제이고 어떤 이유인지, 그리고 베일의 의미가 시간의 흐름과 더불어 어떻게 변화해왔는지, 오늘날 베일을 둘러싼 문명의 충돌은 어떤 양태로 나타나고 있는지를 역사적·사회적 맥락에서 살펴보는 일이 필요할 것이다. 그것이 복잡한 베일 논쟁의 객관적인 판단 기준을 마련하는 데 든든한 초석이 될 것이기 때문이다. 이제부터 베일을 쓰기부터 벗기까지 중동의 역사에 대해 살펴보기로 하자.

2

베일, 쓰기부터
벗기까지의
모든 것

수메르인에게 베일은 자치권의 상징이었으며,

페르시아인과 메소포타미아인에게는 배척과 특권을,

이집트에서는 평등을, 그리스 문화에서는 계급을,

비잔틴 문화에서는 격리를 의미했다.

언제, 어디서 베일은 시작되었나

 많은 사람이 이슬람 여성의 베일 착용 관습을 이슬람 종교 전통에서 비롯된 것으로 알고 있지만, 사실은 그렇지 않다. 여성이 베일을 쓰는 것은 중동 지방에서 고대로부터 전해 내려오는 토착 풍습 가운데 하나였다. 다시 말하면, 베일은 중동 지방의 사람들이 뜨거운 햇볕과 강한 모래바람을 피하기 위해 자발적으로 만든 발명품이었다. 그런데 이렇게 기후 조건 때문에 자연 발생적으로 생겨난 발명품은 시간이 지나면서 다양한 문화권에서 다양한 의미로 수용되게 된다.
 고대 메소포타미아는 다양한 문화의 뿌리였던 곳이다. 세계사를 화려하게 장식한 수많은 민족과 문명이 이 비옥한 토양에서 피어났다. 중동·지중해 연안의 사산왕조페르시아·기독교 공동체에서 베일 착용은 일반적인 풍습이었다. 팔레스타인과 시리아에서도 노예를 제외한 상류층 여인들이 베일을 썼으며, 그리스·로마 그리고 유대인·아시리아인 사이에서 널리 볼 수 있었다.

베일은 각 시대마다 그 의미와 기능이 달랐다. 베일은 유대교·기독교·이슬람교의 종교적 믿음보다는 문화적 전통에 기초하고 있었으며, 여성에게만 국한된 것이 아니기도 했다. 수메르인에게 베일은 자치권의 상징이었으며, 페르시아인과 메소포타미아인에게는 배척과 특권을, 이집트에서는 평등을, 그리스 문화에서는 계급을, 비잔틴 문화에서는 격리를 의미했다. 이렇게 각각 기능과 의미가 달랐던 이유는 각 민족의 역사와 문화, 정치적 맥락에 따라 다른 이유로 베일이 착용되었기 때문이다.

메소포타미아

수메르족은 최초로 고대국가를 출현시켰다. 수메르족에게서 볼 수 있듯이 도시국가의 성장과 군사력의 중요성은 남성이 우위를 확보하는 데 결정적인 역할을 했다. 더불어 군인과 성직자를 상위로 두는 계급 구조가 형성되었다. 또한 아버지를 가장으로 하는 가부장적 가족 구조가 형성되었으며 여성은 남성의 보호 아래 놓이게 되었다. 남성이 막강한 군사력으로 우위를 확보하게 되자 여성의 지위는 급격하게 추락한다. 급기야는 메소포타미아 지방에서 지배적이었던 여신 숭배 사상마저 '남신' 숭배 사상으로 대체될 정도였다. 여성의 섹슈얼리티가 법제화되었으며, 여성은 남성에게 속한 소유물이나 재산쯤으로 간주되었다. 이런 상황에서 여성의 순결 혹은 처녀성이 매우 중요한 가치로 자리매김하게 된 것은 당연한 일이다. 여성은 재생산의 수단이었으므로 무엇보다도 태어나는 아이의 아버지가 명백해야만 했다. 나아가 섹슈얼리티와 재생산 기능에 따라 사람들은 남성에게 속한 여성(아내)과 어느 남성에게도 속하지 않은 여성을 구분할 필요를 느끼기 시작했다.

메소포타미아 지역에 도시국가가 자리를 잡아가자 여성에 대한 규제는 갈수록 더욱 심화되고 엄격해진다. 먼저 《함무라비 법전》(기원전 1752년경)에서 여성에 대한 통제와 규제가 시작되는데, 아시리아의 법 조항(기원전 1200년경)에서 그 내용은 보다 확실하고 구체적인 실체를 드러낸다.

도시국가가 성장하면서 남성의 계급적 우위가 공인되고 그에 따라 여성이 남성의 사유재산으로 받아들여지면서, 남성이 여성을 담보로 저당을 잡거나 여성을 구타하는 행위가 다반사로 발생하기 시작한다. 이를 방지하기 위하여 《함무라비 법전》은 남편이 아내를 담보해서 저당 잡는 횟수를 제한하며, 아내를 구타하는 행위를 금지한다. 그러나 이와 관련한 법 조항은 아시리아에 이르면 그마저도 완전히 삭제되어버린다. 가부장의 막강한 권한이 전면적으로 행사되었음을 의미하는 것이다.

이혼에 관한 규정도 마찬가지다. 《함무라비 법전》에서는 남편이 자유롭게 이혼을 요구할 수 있다고 명시하고 있다. 그러나 그것은 아내가 재생산 기능을 수행하지 못할 때로 제한된다. 이 경우 남편은 아내에게 위자료를 지불해야 하며 아내가 결혼할 때 마련해 온 혼수를 되돌려주어야 했다. 이러한 규정이 아시리아에 이르면 여성은 남편의 결정을 무조건 받아들여야 하는 것으로 바뀐다. 남편의 의사 때문에 이혼을 하면 남편은 아내에게 최소한이라도 위자료를 지불해야 했지만, 그 밖의 경우에 아내는 빈손으로 내팽개쳐졌다. 여성이 이혼을 청구하면 매우 어렵고 험난한 과정을 거쳐야 했으므로 《함무라비 법전》에서는 그 사례를 찾기가 매우 어렵다. 아내가 이혼을 요구하면, 도시의회심의회의 조사를 거쳐 아내의 잘못이 전혀 없고 남편의 책임이 명백한 경우에만 이혼이 성립되었다. 이때 아내는 자신이 결혼할 때 준비한 혼수를 되돌려 받고 친정으로 돌아갈 수 있었다. 그렇지만 조사 심의 결과 아내가 가정을 살피고 남편을 보살피는 것을 게을리 했다고 판명되면 곧바로 강물에 던져졌다.

이혼에 관한 법 조항에서 볼 수 있는 것처럼, 도시국가는 아버지와 남편의 권위와 권력을 기반으로 형성된 사회였다. 아내의 부정 또한 절대로 허용될 수 없었다. 《함무라비 법전》에서는 남편이 허용한다면 아내가 생명을 유지할 수 있다고 했으나, 대부분은 사형되었다. 그러나 남성은 언제라도 원하는 여성을 취할 수 있었다. 비록 이후 사산왕조페르시아의 하렘보다는 규모가 작았던 것으로 보이지만 아시리아 왕조의 왕들은 하렘에 1만 2,000명이나 되는 여성을 거느리고 있었다.

당시 아시리아는 수많은 원정으로 영토를 넓혔고, 따라서 포로가 많았다. 법전에는 포로가 된 여인을 아내로 맞이하려 할 때 필요한 과정이 기록되어 있다. 아시리아 법에 따르면, 남자는 이웃 사람 중에 다섯이나 여섯 명을 소집하여 그들 앞에서 아내로 맞이하고 싶은 여자에게 베일을 선물하면서 "나의 아내이다"라고 선언해야 했다. 남자가 여자에게 '베일'을 씌워줌으로써 그녀는 그 남자의 아내가 되었다.

고대국가가 수립되고 가부장제가 정착되어가는 가운데 베일에 대한 법 조항이 마련되었다. 이것은 여성의 몸에 적용되었던 남성의 미시 권력이 법제화되었음을 의미한다. 아시리아 법은 베일 착용에 대한 규정을 자세히 명시하고 있는데 그 내용은 다음과 같다. "군주의 아내와 딸은 베일을 써야 한다. 첩들도 역시 베일을 써야 한다. 종교적 의미로 신전에 바쳐진 '성창聖娼'이었다가 이후에 결혼한 여성도 베일을 착용해야 한다. 그러나 매춘부나 노예는 베일을 쓸 수 없다. 만일 불법으로 베일을 쓰다가 적발될 경우에는 태형笞刑에 처하거나 귀를 자름으로써 벌한다."

아시리아 법은 여성이 베일을 언제 착용해야 하고 언제 착용하면 안 되는지를 법 조항으로 명시하고 있다. 얼핏 보면 이 법은 베일 착용과 사회계층의 관계를 설명하고 있는 것처럼 보인다. 아시리아 법은 '결혼한 여성과 첩, 결혼하지 않은 여성과 노예, 매춘부' 각각에 대하여 베일 착용 규정을 정해놓고 있다. 아시리아에서 여성으로 태어나 결혼한 자와 과부는 길거리에 나갈 때 베일이나 긴 웃옷을 입고 머리를 가려야만 한다. 한마디로, 정숙한 여성은 베일을 착용해야 한다는 것이다. 이렇듯 상류층 여성들에게는 베일을 착용하도록 격려한 반면에 창녀와 여자 노예 들에게는 베일을 쓰는 것을 허락하지 않았다. 베일 착용은 베일을 착용한 여성과 남편의 관계를 나타내며 그녀에 대한 남편의 의무와 권위를 함축하고 있는 것이다. 이쯤 되면 왜 유부녀가 베일을 착용해야 하는지 그 이유를 알 수 있다. 정숙한 여성은 베일을 씀으로써 다른 남성의 접근을 막는 경계의 표시를 해야 했다. 베일은 그 여성이 남성에게 속한 여성인지 아닌지를 알 수 있게 해주는 하나의 상징물이었던 것이다.

헬레니즘 시대

이 시대에는 그리스와 로마의 상류층 여성들도 모두 베일을 착용했다. 여성들은 숄과 같은 베일을 머리에 늘어뜨리고 침묵하면서 조용히 남성의 의견을 따라야 존중받았다. 이 시대에도 남성들은 베일 착용 여부에 따라 여성을 다르게 대했다고 한다. 당시 사람들은 여성이 머리에 아무것도 쓰지 않으면 남성의 정욕을 불러일으킨다고 믿었다. 이런 사고는 유대·그리스·로마를 이어 비잔틴 사회까지 지속된다. 이슬람은 당시 중동 지방에 산재해 있던 사고와 관습을 대부분 수용하여 제도화했던 것이다.

기독교 여성들에게 베일은 정숙한 옷차림을 위하여 필수적인 것이었다. 그리고 옛 로마 가톨릭의 수녀 복장은 서구 기독교 전통으로 이어졌다. 그리스와 로마의 신분이 높은 여성들은 일반적으로 흰색의 커다란 베일을 착용하고 외출했다. 로마 시대 초기에는 아내가 베일을 착용하지 않으면 그 이유만으로도 이혼을 당할 정도였다. 왜냐하면 여성이 베일을 쓰지 않고 사람들 앞에 모습을 드러내는 것은 다른 남자를 찾고자 하는 의도로 받아들여졌기 때문이다. 남자를 유혹하고자 하는 의도를 노골적으로 드러내려고 베일을 벗었다고 생각했던 것이다.

팔레스타인

이 지역에서도 일반적으로 결혼한 여성은 결혼했다는 것을 표시하기 위해서 머리에 무엇인가를 착용했다. 그러므로 머리에 무언가를 쓰지 않았다는 것은 자연스럽게 창녀임을 암시하거나, 아니면 남편을 구하는 처녀라는 뜻으로 받아들여졌다. 당시 대부분 나라의 사회 분위기가 여성들에게 집 안에만 있기를 강요하지는 않았음에도 불구하고, 여성들은 공공 영역에서 활동하는 데 많은 제약을 받았다. 남성은 여성을 '유혹자'로 규정하고 끊임없이 여성의 활동을 통제하고 영역을 제한했다. 그러므로 여성의 영역을 집 안으로 제한하는 공식적인 법 조항은 없었음에도 여성을 보는 사회적 시선과 불신은 여성의 영역을 자연스럽게 집 안으로 제한하는 데 큰 역할을 하게 된다.

팔레스타인의 유대교를 비롯한 당시 중동에서 머리에 무언가를 쓰도록 했던 것은 정숙함을 여성의 최고의 가치로 부각시켰기 때문이었다. 정숙한 여성이 해야 할 첫 번째 일은 베일을 쓰는 일이었다. 1세기 말경 어느 랍비가 시장에서 머리에 베일을 쓰지 않은 여성에게 중한 벌금을 내렸다는 기록이 전해지는 것을 보면 당시 사회의 분위기를 알 수 있다. 결혼한 여성이 베일을 착용하는 유대 풍습은 팔레스타인 내부에서뿐만 아니라 그곳을 벗어난 유대 사회에서도 여전히 지켜졌다. 그러나 유대교는 베일에 대한 구체적인 사항을 명시하고 있지는 않았다. 머리에 무언가를 써야 하기는 했지만 베일 착용이 머리 덮개라는 의미로만 받아들여졌을 뿐, 이에 대한 세부적인 사항은 전해지지 않는다.

비잔틴제국

비잔틴 사회의 베일 착용을 살펴보는 것은 매우 중요하다. 바로 이곳에서 이슬람 문명과 전통이 형성되었기 때문이다. 비잔틴제국(330~1453년)은 로마의 제도와 이념을 이어받았고, 기독교를 국교로 삼았으며 헬레니즘 문화를 계승했다. 그러나 여기에 그치지 않고, 동쪽에 인접해 있는 사산왕조페르시아인은 물론 이미 이슬람을 받아들였던 아랍인이나 터키인들과도 활발히 교류했다. 따라서 이 시대는 기독교 문화와 이슬람 문화가 융합되는 시기라고 볼 수 있다. 베일 착용에 있어서도 이슬람 문화는 비잔틴의 전통에서 많은 영향을 받았다.

경제·사회·정치·종교 등 생활의 모든 면에서 로마인에게 도움을 주었던 아리스토텔레스학파는 비잔틴제국을 발전시키는 데도 큰 영향을 미쳤다. 아리스토텔레스는 결혼의 기본적인 목적을 재생산에 두었을 뿐 여성에 대한 배려나 존중에는 별다른 관심이 없었다. 여성은 땅을 구입하거나 판매할 권한이 없었으며, 심지어 시장에 가서 손수 물건을 구입할 수도 없었다. 땅은 조상이 내린 선물이므로 여성에게 상속되어도 남성 보호자가 관리해야만 했다. 여성들은 당연히 남성에게 복종해야 했으며 침묵을 강요받았다. 외출할 때 숄을 머리에 착용해야만 하는 것은 이런 사회 분위기에서는 당연한 일이었다. 여성의 정숙함을 최고의 가치로 포장하면서 섹슈얼리티를 통제하려는 수단으로 숄이 이용되었던 것이다.

비잔틴 시대에 어머니는 딸이 목욕을 갈 때에도 반드시 딸이 베일을 착용했는지 안 했는지를 살펴 여성의 보호자인 샤프롱chaperon과 함께 보냈다. 여성의 복식은 동시대 남성의 복식을 그대로 모방했는데, 여기에 추가로 베일을 써야 했다. 긴 천으로 만든 베일을 착용한 것으로 묘사되어 있는데 뒤로 넘겨 늘어뜨리거나 앞으로 내려 팔뚝 위에 걸치기도 했다.

비잔틴 시대에는 금욕주의의 영향으로 육체적인 것보다 영적인 것에 관심이 더 많았다. 여성들은 육체를 드러내지 않기 위해 베일로 몸을 가려야 했다. 여성의 몸은 '가려져야 하는 것' 혹은 '수치스러운 것'으로 관념화되면서 마침내는 폄하되었고 여성 비하 의식으로 발전해갔다. 결국 금욕주의의 영향과 더불어 여성은 남성을 타락시키는 '유혹자'로 여겨지게 된다. 이러한 비잔틴 시대의 관행은 여기에 뿌리를 두고 발전한 이슬람 문명의 전통적 여성관을 형성하는 데 큰 영향을 미쳤다.

여성들이 베일을 쓴 것은 자발적인 것이라기보다는

남성 가부장 권력의 필요에 의한 것이었다.

이것은 마치 나치 집권 시기

유대인에게 붉은 완장을 차게 함으로써

폭력과 차별에 노출되도록 했던 것과 크게 다르지 않다.

누가, 왜 베일을 씌웠는가

아시리아 법에서 볼 수 있는 것처럼 여성이 베일을 착용하게 된 시기는 가부장제의 기틀이 잡히면서 여성이 남성에게 종속된 시기와 일치하는 것으로 보인다. 많은 고고학자들은 신석기시대인 기원전 6000년경까지는 소아시아에서 여성이 지배적인 위치에 있었다고 보고 있다. 특히 중동 지방에서 신석기시대 유물로 보이는 여신상들이 대거 발견되었으므로 대체로 이 주장에는 이견을 제시하지 않고 있다. 중동 지방에서 여성이 남성에게 종속되기 시작한 것은 고대국가의 탄생과 함께 법과 제도가 마련되면서부터라고 보는 것이 일반적이다. 서구 문명의 기원을 지금의 중동 지방인 메소포타미아로 간주하는 것이 일반적인 견해이므로, 서구 여성

학자들은 서구 가부장제가 기원전 6,000～기원전 3,000년경에 고대 메소포타미아에서 발생했다고 주장한다.

여성들이 베일을 쓴 것은 자발적인 것이라기보다는 남성 가부장 권력의 필요에 의한 것이었다. 한 남성에게 속한 여성인지 아닌지 표시하기 위해서 여성에게 베일을 쓰게 했다고 해도 과언이 아니기 때문이다. 이것은 마치 나치 집권 시기 유대인에게 붉은 완장을 차게 함으로써 폭력과 차별에 노출되도록 했던 것과 크게 다르지 않다. 신분 차이나 결혼 여부에 따라 베일을 쓰지 못한 여성이 남성의 성폭행이나 폭력 혹은 다른 사회적 차별에 시달렸을 수도 있다는 추측이 충분히 가능하다. 때문에 여성들은 차츰 베일을 선망하게 되고 이를 자발적으로 착용하여, 스스로 '정숙한' 혹은 마땅히 다른 남성의 눈길로부터 '보호받을 수 있는' 여성이라는 것에 자긍심을 느끼게 되었을 것이다.

권력이 요구하는 질서에서 벗어나지 않는 '착한' 몸을 가진 여성을 만들어내기 위해 가부장 권력은 감시와 제재를 동원한다. 특히 '시선'의 권력은 탁월한 통제력을 발휘한다. 남성의 시선이 여성을 향할 때, 여성은 규율이 원하는 태도와 행동을 익혀가는 것이다. 베일을 써야 하는 여성이 베일을 쓰지 않거나 베일을 쓸 수 없는 여성이 베일을 썼을 때, 국가권력은 이를 형벌 제도로 벌함으로써 여성을 길들인다. 결국 여성은 베일을 써야만 하는 존재, 한 남성에게 예속되어야만 하는 존재, 그리고 자신이 속한 남성이 아닌 다른 남성에게 눈길을 받아서는 안 되는 '정숙한' 존재로 훈육되고, 여성의 몸과 성은 국가가 원하는 방식으로 통제된다. 이때 베일이라는 상징적 매개체가 그 역할을 담당했던 것이다. 다시 말하면, 아시리아 법에서 볼 수 있는 베일은 단순히 상류 계층을 규정하는 구실만은 아니었다. 보다 근본적으로 '존중받을 만한 또는 보호받을 만한' 여성인지 아닌지를 가늠하는 기준이었다. 여성의 베일은 남성의 보호하에 있는 여성인지 아닌지를 구분하는 기호였던 것이다. 여성이 베일을 썼는지 쓰지 않았는지에 따라, 남성은 자신이 그 여성에게 접근할 수 있는지 없는지를 결정했고, 따라서 베일은 당시 사회의 성문화 질서 유지에 매우 큰 역할을 했다.

그렇다면 '존중받을 만한 그리고 보호받을 만한' 여성과 그렇지 않은 여성의 이분화가 왜 그렇게 필요했을까? 무엇보다도 남성들 간의 분쟁을 막고 가부장적 질서를 유지하기 위해서 성 질서가 필요했기 때문이다. 민족화나 종족화도 이러한 성 질서를 분명히 하는 과정을 반드시 거치는 것을 보면, '국가'라는 가부장제가 기틀을 잡아가는 시기에 베일이 처음 출현한 것이 우연은 아니다.

베일 착용으로 여성의 몸과 성적 욕망을 통제하게 되자, 가부장제는 더욱 더 막강한 세력을 구축할 수 있게 된다. 결국 사산왕조 페르시아(226년~651년)에서 이란인의 통치가 시작되자 여성의 지위는 법정에서 증인으로 설 수 없을 정도로 급격히 하락한다. 7세기에 무슬림이 정복하기 전까지, 메소포타미아에는 아케메네스 왕조의 바빌론 점령(기원전 539년)에 이어 알렉산드로스 대왕의 정복, 사산왕조페르시아 등 많은 문화가 있었다. 하지만 다양한 문화교류가 진행되었음에도 불구하고 여성에 대한 제도와 규정은 조금도 나아지지 않았다. 오히려 더욱 악화될 뿐이었다. 심지어 알렉산드로스가 페르시아 다리우스 왕과의 전투(기원전 333년)에서 승리한 후 확장해놓은 하렘은 사산왕조에 이르러 왕족에게 보편적인 것으로 받아들여질 정도가 되었다.

왕족의 특권이었던 하렘은 다른 곳과는 격리되어 있었으며 환관이 수호를 맡았다. 하렘의 격리는 어느새 사회의 본보기처럼 여겨져서 여성 감금과 베일 착용은 모든 지역으로 확산되었고, 마침내 사회의 기본 관행으로 고착되었다. 기원후 1세기 동안 여성의 격리 개념은 여성의 몸은 가려져야 한다는 베일 착용 관행과 더불어 이라크나 페르시아 등의 지중해 중동 지역의 기본적 사유의 틀을 형성했으며 당시 사회의 기본적인 관습으로 고착되었다.

문화적 요인이 어디에서 비롯된 것이든 여성을 비하하는 의식은 지중해 지역에서 뿌리 깊게 자리 잡고 있었다. 그리스·로마를 비롯해서 비잔틴제국에 이르기까지, 여성의 몸을 악으로 규정하고 정숙한 여성을 강요하는 의식은 베일 착용 관행을 더욱 굳어지게 만드는 요인이 되었던 것으로 보인다. 이러한 여성 비하 의식은 이슬람 출현 이전 기독교 사상에서도 발견할 수 있다. 여아 살해 관습infanticide은 당대 사람들이 가지고 있었던 의식을 드러내는 대표적인 예라고 할 수 있다. 기독교 이전부터 이미 자행되고 있었던 여아 살해 관행은 그리스와 로마는 물론 이집트와 유대인들에게도 그리 낯선 일은 아니었다. 또한 아라비아 반도에서도 이 관습이 있었으나 이슬람이 등장하면서 금지되었다.

베일의 종류

이슬람 여성의 베일은 지역, 일의 종류, 상황, 문화 기준, 사회의 윤리적 표준 등에 따라 매우 다양하다. 또한 사회 환경과 기후 등의 영향을 받기도 한다. 오늘날 이슬람 사회에서 통용되는 베일은 국가와 민족에 따라 그 명칭과 모양이 다른데, 일반적으로 아랍 국가에서는 히잡Hijab으로 통용된다. '히잡'은 아랍어로 '가리다' 혹은 '격리하다'라는 뜻을 가진 말에서 파생된 단어다. 베일은 형태에 따라 전신 은폐형, 두건형, 복면형 등으로 나뉘지만 지역에 따라서 크게 다섯 가지로 분류된다.

▲ 부르카

부르카 Burqa

아프가니스탄에서 쓰는 베일의 형태다. 머리에서 발끝까지 모든 부분을 가리며 눈은 망사로 처리해 밖이 보이도록 한다. 베일 중에서 가장 보수적인 형태다. 손에는 장갑을 끼기도 한다. 이집트의 일부 베드윈족 여성들이 착용하기도 한다. 70년대까지 대체로 청색이 애용되었으나 후에 검은색도 등장했다. '차드리 chadri'라고 불리기도 했다.

히잡 Hijab

《꾸란》에 언급된 의상이라고 전하며, 두건 모양이다. 얼굴만 내놓고 상체는 가린다. 가슴 부위까지만 가리므로, 입고 벗기가 쉽다. 색상이 다양한 게 특징이다. '아바야 abaya'라고도 부른다. 상대적으로 자유로운 튀니지 등의 북아프리카 국가나 시리아에서 많이 착용한다.

니캅 Niqab

얼굴을 가리는 수건이다. 주로 히잡과 함께 쓰며, 니캅만 따로 쓰지는 않는다. 다른 덮개를 이용해 머리를 가렸을 경우에는 눈 아래를 가리거나, 가슴 혹은 목까지 가리기도 한다. 주로 파키스탄이나 모로코의 여성들이 쓰는 베일이다. 니캅 역시 색상이 다양하다.

◀ 히잡

니캅 ▶

차도르 Chador

주로 이란에서 쓰는 베일로 망토형이다. 전체가 모두 검은색이며, 속에는 양장을 입는다. '차도르chadda, chador'는 원래 '덮는다'는 의미의 이란어이다. 1930년대까지는 두 가지 형태가 있었다. 구식 차도르는 흰색 목면으로 만든 좁고 긴 천을 드리우는데, 그 천에는 그물로 처리된 작은 눈 구멍이 있으며, 머리 뒤에 있는 버클로 고정시키는데 이를 '루밴드rubanda'라고 했다. 새로운 형태의 차도르는 천 두 폭을 이어서 자루처럼 꿰매어 만든 것으로 앞이 개방되어 있지 않다. 앞은 가슴에서 핀으로 고정시키고 뒤는 머리에 쓴 뒤 안에 꿰매진 두 개의 끈으로 이마에 묶는 형태다. 20세기 초반까지는 차도르의 색상도 다양하고 직물도 다양해 꽃무늬가 있을 정도로 화려했다고 한다. 그러나 현재 이란에서는 검은색이 보편적인 색상으로 굳어졌으며, 형태는 더 다양해졌다.

바쉬 외르튀쉬 baç örtüsü

터키에서는 '바쉬 외르튀쉬'라고 하는 스카프로 머리를 둘러싸는 형태의 머리쓰개를 쓴다. 종파에 따라 스카프를 다르게 묶기도 한다. 주로 스카프와 더불어 긴 외투를 입는다.

◀ 차도르

바쉬 외르튀쉬 ▶

초기 이슬람에서 지역적 관습으로 받아들여졌던 베일은,

이슬람이 제도화되고 베일 착용이 《꾸란》에 명시되면서

중세 이슬람에 이르러서는

남성과 여성의 관계를 상징하는 것으로 변화되었다.

베일은 어떻게 의무가 되었나

지금까지 살펴본 것처럼 이슬람 이전에도 베일은 엄연히 존재했다. 한때 아시리아에서 엄격히 통제한 적도 있지만, 베일은 그 이후 그리스·로마를 비롯해 유대교와 비잔틴에 이르기까지 중동 지역에서 하나의 관행으로 굳어져왔으며, 다만 본격적으로 제도화되지는 않았다. 베일에 대해 구체적으로 언급하고 제도적으로 정비한 것은 이슬람이다. 그렇다면 어떻게 해서 그것이 가능할 수 있었을까?

6세기 즈음 중동 지방에서는 여성의 몸과 섹슈얼리티에 대해 보편적으로 법제화되었지만, 부계 중심적이며 가부장적인 결혼 제도만을 유일한 제도로 받아들이고 있지는 않았다. 일부다처제가 있었던 것은 물론이지만 예언자 무함마드가 출생했던 당시만 해도(570년) 모계 중심적이며 일처다부제에 기초한 결혼이 공공연하게 이루어지고 있었다. 여성은 자기 부족과 함께 거주하고 남성이 가끔씩 여성의 거주지에 방문하거나 또는 남성이 여성 부족과 함께 사는 형태였다. 이럴 경우 자식은 어머니의 부족에 속하게 된다. 하지만 이렇게 일처다부제 형태의 결혼이 이루어졌다고 해서 여성의 지위가 주변 지역에 비해 상대적으로 높았다고 볼 수는 없었다. 이것은 주로 유목 생활을 하던 당시 삶의 방식에서 필요에 의해 파생된 풍습으로 볼 수 있기 때문이다. 이러한 사례는 특수한 경우이고, 열 명이나 되는 아내를 둔 남성도 수없이 존재했던 것을 보면 이슬람 출현 이전의 아랍 사회인 자힐리야Jahilia 시대 여성의 지위에 대해 단언하기는 쉽지 않아 보인다. 더구나 당시 아라비아 반도에서 여자아이가 태어나면 생매장해버리는 여아 살해를 공공연하게 행했던 것으로 미루어 볼 때, 여성의 지위는 남성에 비해 매우 취약했다고 보는 것이 옳을 것이다.

　유목 사회는 여러 면에서 농경 사회와는 차이가 있었다. 농경 사회에서는 여성의 재생산 기능이 다산과 풍요의 기반이었지만, 유목민에게 여성이나 아이는 이동하는 데 성가신 장애물일 뿐이었다. 그래서 유목민들은 이동하다가 아이들이나 여성들을 다른 부족에게 맡기는 경우가 많았고, 심지어 물물교환을 하듯이 거래 조건으로 생각하는 경우도 있었다. 따라서 유목 사회의 전통이 지배적이었던 당시에는 당연히 딸의 출생이 불행으로 간주될 수밖에 없었다.

무엇보다도 이슬람 이전 사회에서는 부족 사이에 언제고 전쟁이 발생할 수 있었으므로 부족을 보호하기 위해서는 남성들이 필요했다. 그러므로 남성이 우선시될 수밖에 없었다. 전쟁에서 여성이 할 수 있는 일은 아무것도 없었을 뿐만 아니라 자칫 잘못하면 상대 부족이 여성을 전쟁 포로로 가두고 높은 배상금을 요구하기도 했다. 이럴 경우 돈을 받지 못하면 그대로 살해해버리는 경우도 종종 발생했다. 전쟁과 복수가 끊이지 않는 상황에서 여성은 언제고 적의 노리개와 표적이 될 수 있었으므로 보호해주어야만 하는 존재였다. 또한 자기 가문보다 신분이 낮은 집안에 딸을 시집보내는 것을 불명예로 생각하는 아랍인들에게 딸의 출생은 여러모로 성가시고 귀찮은 일이었다. 여성은 전쟁에 참여하지 못하므로 재산도 전혀 상속받을 수 없었고, 따라서 신분을 보장받을 수 있는 장치를 찾기는 어려웠다.

후에 《꾸란》에서는 자힐리야 시대의 여아 살해를 비난하고 강력하게 규제한다. 그러나 이슬람이 출현하면서 여아 살해를 금지했다고 해서, 여성의 지위가 모든 면에서 상승했다고 볼 수는 없다. 이슬람은 여성의 자율성과 사회 참여를 여러 면에서 제한하는 방향으로 제도화되었기 때문이다. 부계 중심적이며 가부장적인 결혼 형태만이 유일한 결혼 제도로 법제화되면서 결과적으로 사회 변화도 같은 흐름 안에서 이루어졌다. 예언자 무함마드의 두 부인의 사례를 비교해보면, 아라비아에서 이슬람 여성에 대한 규제들이 어떻게 만들어지고 적용되어왔는지 그 변화의 추이를 알 수 있다.

무함마드의 첫 번째 부인이었던 카디자Khadija는 돈이 엄청나게 많은 과부였다. 그녀와 결혼하기 전에 무함마드는 메카와 시리아를 오가는 그녀의 대상隊商을 관리하는 고용인에 지나지 않았다. 카디자는 무함마드가 범상치 않은 인물이라고 생각하고 시리아로 장사를 나서는 무함마드에게 여종을 딸려 보내 그의 모든 행동을 관찰하도록 했다. 그녀는 무함마드가 탁월한 사람이라는 확신이 서자 그에게 청혼했다. 당시 카디자는 마흔 살이었는데, 무함마드는 고작 스물다섯 살이었다. 무함마드는 카디자와 결혼한 후 경제적 풍요로움과 자유로움을 만끽하게 되자 산에 올라가 명상을 즐겼다. 명상 중에 천사 가브리엘의 계시를 받게 된 무함마드는 이슬람의 창시자가 되었고, 이어 포교 활동에 나서기 시작한다. 무함마드가 예언자로서 인정받고 여러 활동을 펼쳐가는 데 카디자의 재력은 강력한 기반이 되었다.

그녀는 예순다섯 살에 세상을 떴다. 카디자가 사망하기까지 무함마드는 두 번째 부인을 들이지 않았다. 이슬람 관련 문헌 여러 곳에 카디자가 자주 등장하는 것을 보면 무함마드는 그녀를 매우 사랑했던 것 같다. 동시에 그녀가 무함마드에게 미친 영향이 적지 않았던 것으로 보인다. 실제로 무함마드는 언제나 "무슬림 중에서 가장 뛰어난 여성은 카디자"라고 말했다고 한다. 때문에 무함마드의 총애를 가장 많이 받았던 두 번째 부인 아이샤Aisha조차도 이미 죽고 없는 카디자에게 질투를 느꼈다고 전해진다.

그녀가 경제적으로 독립한 여성이었다는 점, 남성의 개입이나 중재 없이 자신의 결정만으로 청혼을 했다는 점, 나이 차이가 현격하게 나는 남성과 결혼했다는 점, 그리고 일부일처 형식의 결혼 형태를 유지했다는 점 등을 미루어 볼 때, 이슬람 이전 사회가 대체로 부권이 강하긴 했지만 카디자가 생존해 있을 당시만 해도 모계 사회처럼 여성의 권한이 일부 인정되기도 했음을 알 수 있다. 그녀가 살던 시대에는 부계 중심적인 이슬람이 아직 완전히 형성되지 않았던 것이다.

그러나 무함마드는 이슬람의 지도자이자 교조가 되고 난 뒤에 한 두 번째 결혼부터는 확연히 다른 태도를 보인다. 일부일처제와 여성의 자주성을 인정하는 분위기는 현저하게 사라지고, 여성에 대한 남성의 지배와 특권을 강화한 일부다처제가 이슬람 결혼의 공식적인 형태로 자리 잡게 된다. 둘째 부인 아이샤는 후대 이슬람 여성들의 삶을 보여주는 실례가 되었다. 예컨대, 그녀는 양친이 모두 무슬림이었으며, 아홉 내지는 열 살이라는 어린 나이에 무함마드와 결혼했다. 결혼 후 그녀는 바로 무함마드의 새로운 부인을 맞이해야 했다. 또한 새로운 관습인 '베일 착용'과 '여성 격리'도 받아들여야 했다. 카디자와 아이샤가 살았던 삶의 차이는 아라비아 여성들이 살게 될 삶의 변화를 의미하는 것이었다. 이것은 명백하게 '자율성'의 차이였다.

아이샤가 여성에게 부과된 많은 사회적 제한을 받아들이긴 했지만, 무함마드 사후 아이샤는 여러 방면에서 정치적 역량을 보여주기도 했다. 이 정치적 역량은 엄연히 선조로부터 배양된 것이었으므로 어떤 의미에서는 그녀가 일정 부분 자힐리야의 시대상을 담고 있다고 볼 수도 있다. 아이샤는 제1대 정통 칼리프Khalifa(이슬람 공동체의 지도자) 아부 바크르의 딸이라는 점 이외에도 탁월한 미모와 재능 때문에 무함마드의 총애를 받았던 부인이다. 무슬림들은 아이샤를 천국에서도 무함마드의 부인 자리를 차지할 사람이라고 생각하고 그녀를 추앙했다.

아이샤는 656년 낙타전투에 참여해 이슬람 최초로 정변을 주도한 여성이 된다. 무함마드 생전에 많은 전투에 동행했던 아이샤는 정치하는 방법을 잘 알고 있었다. 그녀는 낙타전투를 치르기 전 바스라의 지도급 인사들에게 서신을 통해 자신이 전투를 치르려고 하는 이유와 그 정당성에 대해 설명하고 모스크를 지지자들의 회합 장소로 정했다. 바스라에 지휘 본부를 차린 아이샤에게 많은 이들이 인력과 무기를 제공하며 지지해주었다. 아이샤는 바스라의 시민들을 영입하기 위해 개인 면담은 물론 모스크에서 대중을 향해 연설하는 것도 서슴지 않았다.

낙타전투에서 그녀가 보인 정치적인 활동은 그 이후 무슬림 여성에게 큰 영향을 미친 선례로 기록되었다. 아이샤는 무엇보다도 여성으로서 이슬람 역사상 최초의 정변을 주도했다는 점에서 이슬람 최초의 여성 정치자라는 긍정적인 평가를 받는다. 그러나 아이샤는 낙타전투에서 패배했고, 그녀의 섣부른 행동 때문에 전투에서 패배했다고 믿는 남성들 때문에 이후 이슬람 여성의 정치 참여는 완전히 봉쇄된다. 낙타전투에서 패한 뒤 아이샤는 예언자의 부인으로서 이슬람 법학의 초석을 쌓는 데에만 주력했다. 예언자 사후에 교우들 사이에 의견이 일치되지 않는 문제는 아이샤의 해석을 정답으로 간주할 정도로 그녀는 탁월한 영향력을 발휘했다. 아이샤는 예언자 무함마드 사후 40여 년 동안 이슬람법의 정보 창고 역할을 수행했다. 《꾸란》의 최고 주석가 중 한 사람인 압둘라 빈 압바스가 아이샤의 제자였다는 것은 이를 입증하는 좋은 예라 할 수 있다.

한편 후대 남성 학자들은 아이샤의 낙타전투 참여를 부정적으로 평가하면서 그 근거로 몇 가지 기록을 제시했다. 후대 남성들은 이슬람이 본래 여성의 정치 참여를 금하지 않았음에도 불구하고 예언자가 여성을 지도자로 인정하지 않았다는 점을 강조했다. 어찌되었든 아이샤 이후의 이슬람 시대에 여성의 사회 참여와 권위는 급격히 제한되고 만다. 카디자가 누렸던 여성의 '자율권'은 이슬람의 제도화를 거치면서 두 번째 부인인 아이샤에 이르러 여성 격리나 베일 착용 등의 형태로 상당 부분 제한되었다. 그나마 아이샤 시대에는 여성의 정치 참여나 사회적 활동이 가능했지만 아이샤 이후에는 이마저도 부정적으로 바뀌고 여성의 활동 범위는 상당히 축소되어버린다.

그렇다면 이러한 사회 변화 속에서 여성의 베일 착용이 제도로서 자리 잡게 된 경위를 알아보자. 이슬람 초기에 베일 착용 의무

아프가니스탄 여성의 현실을 담은 영화

ⒸMaysam Makhmalbaf, Samira Makhmalbaf

영화 〈오후 5시At Five in the Afternoon〉, 사미라 마흐말바프 감독, 2003.

이란의 여성 영화감독 사미라 마흐말바프의 작품으로 칸 영화제 심사위원상을 수상한 이 영화는 탈레반 정권이 물러난 아프가니스탄에서 최초의 여성 대통령이 되어 여성의 인권을 신장시키는 것이 꿈인 여성 노흐레가 그 주인공이다. 노흐레는 몰래 부르카를 벗어 민낯을 드러내기도 하고 치마 속에 하이힐을 신기도 하며 짧은 자유를 만끽한다. 하지만 노흐레가 마주하는 현실은 가혹했다. 보수적인 아버지와 갈등이 생기고 사람들은 지뢰에 희생된 가족들을 묻는 데 바빠 인권이니 정치니 하는 얘기에 귀를 기울일 여유가 없다. "오후 5시, 죽음이 찾아온다"는 페데리코 가르시아 로르카의 시처럼 암울한 아프가니스탄의 현실과 여성들의 삶을 잘 그려냈다.

화 규정은 잘 지켜지지 않았다. 무함마드가 살아 있을 당시, 베일 착용과 같은 여성 격리 제도를 따르는 사람은 오직 무함마드의 아내들뿐이었다. 베일 착용이 어떻게 나머지 공동체에 확산될 수 있었는지는 분명하게 알려진 바가 없다. 그러나 무함마드 사후 무슬림이 정복한 지역의 상류층 여성들이 베일을 착용하는 것이 일반적이었음은 당시 상황을 미루어 볼 때 짐작할 수 있다. 당시 무슬림은 상업을 통해 막강한 부를 축적한 사람들이 대부분이었으므로, 무슬림의 유입과 함께 이루어진 부의 유입은 아랍인의 위상을 크게 향상시켰다. 부유한 계층의 무슬림 여성이 늘어나자 이들 상류층 여성들은 무함마드의 부인들을 자신이 따라야 할 본보기로 삼는다. 이렇게 되자 상류층 여성들은 자연스럽게 이슬람 율법에 따라 베일을 쓰기 시작했고, 그들에게 동화되고자 했던 피지배 계층 여성들에게까지 베일이 확산되었다. 그렇다고 하더라도 여성의 베일 착용이 관습으로 완전히 정착될 때까지는 오랜 시간이 걸렸다.

   이슬람 여성이 베일을 착용하게 된 경위를 다음과 같이 설명하기도 한다. 히즈라 6년에 바누 무스탈리크 정벌에 따라간 아이샤가 조개 목걸이를 잃어버려 본 대열과 떨어져 길을 잃는 사건이 발생했다. 이때 사프완이라는 청년이 그녀를 구해 대열에 합류하도록 도왔다. 예언자를 비난하던 사람들은 아이샤와 사프완이 불륜 관계를 가졌을 것이라고 추측했고, 마침내 예언자의 부인 자격을 거론하는 데까지 사건이 번졌다. 무함마드의 반대 세력은 이를 빌미로 아이샤를 간통 혐의로 고소하기까지 했다. 문제는 이때 아이샤가 베일을 쓰지 않았기 때문에 이런 사건에 휘말리게 되었다는 것이다. 여성과 남성이 가까이서 대화를 나누었다는 것만으로 불륜 관계를 의심하는 극단적인 사고방식은 여성의 격리를 전제로 한 것이었다.

무함마드가 여성들에게 베일을 쓰도록 강제한 것은 이 사건 때문만은 아니었다. 당시 여성은 노예이건 아니건 간에 길거리에서 습격의 대상이 되었다. 무함마드의 부인들조차 이런 위험에서 완전히 자유롭지 못했다. 무함마드는 자신의 아내들을 안전하게 지키는 방법이 무엇일지 고심했다. 결국 아이샤에 대한 모함 사건 이후 무함마드는 아내들과 자유 여성들에게 베일을 쓰도록 명한다. 하지만 노예인 여성은 베일을 쓰지 못하도록 했다. 이 항목은 베일 착용의 근거로 여성의 신변 보호를 주장하는 이슬람의 '여성 보호관'을 무색하게 하는 지점이다. 계급에 따라서 보호받을 수 있는 여성과 아닌 여성을 구분했기 때문이다. 결국 여성 노예는 길에서도 쉽게 남성의 공격에 노출될 수밖에 없었다. 이렇게 차별화된 방식의 베일 착용은 '모든 믿는 자는 동등하다'는 이슬람의 평등 원칙에 균열을 내고 있다. 여성 노예들이 베일을 쓰지 못하게 하여 남성의 공격에 노출시킴으로써 다른 여성을 보호하고자 했기 때문이다.

베일 착용은 제도화된 이후에도 줄곧 많은 논쟁을 야기했다. 그중 하나가 《꾸란》에서 베일이 정확히 어느 부위를 가려야 한다고 했는가 하는 지점이다. 이는 이슬람 법학자들이 오늘날까지도 논쟁을 벌이고 있는 매우 민감한 사항이다. 이슬람 법학이 완성되어 간다고 여겨질 무렵 법학자들의 견해는 여성이 얼굴이나 팔도 가려야 한다는 것이었다. 그러나 그 이후 얼굴, 팔의 중간부터 손등 등은 보여도 좋다는 견해로 완화되었다. 13세기 등장한 《꾸란》 해석학자 바위다위는 예배 때 얼굴을 드러내도 좋으나 그 외에는 가려야 한다고 주장하기도 했다.

《꾸란》의 해석과 적용은 해당 구절의 애매성과 불명확성으로 인해 많은 견해 차이를 낳았다. 그리고 이러한 해석의 편차는 어느 시기부터인가 이슬람 사상뿐만 아니라 이슬람 사회가 해체되는 원인이 되기도 했다.

초기 이슬람에서 지역적 관습으로 받아들여졌던 베일은, 이렇듯 이슬람이 제도화되고 베일 착용이 《꾸란》에 명시되면서 중세 이슬람에 이르러서는 남성과 여성의 관계를 상징하는 것으로 변화되었다. 동시에 '부권'에 무게 중심이 놓였던 가부장 권력이 '남편'으로까지 확산되기에 이른다. 나아가 이슬람 여성의 베일은 남성으로부터 여성을 보호해주는 방패가 되었고, 도덕적 차원에서 남성의 성적 문란과 유혹을 막아준다고 여겨졌다. 여성의 불평등과는 맥락이 다른 '여성 보호관'과 '여성 유별관'의 차원에서 베일 착용을 주장하는 이슬람 전통주의자들의 해석은, 이슬람이 제도화되는 과정에서 가부장 권력이 공모했음을 배제한 것과 다름없다. 베일 착용을 의무화하고 제도화한 것은 보호와 복종의 논리 속에서 실행되었으며, 이때의 보호는 여성의 몸에 대한 철저한 제도적 통제를 의미했기 때문이다.

여성을 보호하겠다는 명목으로 여성의 격리와 베일 착용을 주장했지만, 시간이 지날수록 베일 착용이 여성의 자율권을 통제할 뿐만 아니라 여성을 남성의 억압 속에 가두는 역할을 하게 되었음은 부정할 수 없는 사실이다. 더구나 여성에 대한 순결 이데올로기를 극대화하는 장치로 이용되기도 했다. 베일을 쓰지 않은 여성은 순결하지 않으며, 보호받을 가치가 없다는 논리의 비약을 보편적 진리로 받아들이도록 하는 데 공헌했던 것이다. 베일은 결국 여성의 성적 욕망과 성적 자율권마저도 남성의 철저한 감시와 통제

아래 놓이도록 했고, 뿐만 아니라 여성들이 모든 사적·공적 영역에서 제한된 삶을 살도록 주변화하는 데 결정적인 역할을 했다.

당시의 개혁은 여성이 주체적으로 제기한 것이 아니라

남성이 주도한 것이었다.

유럽에서 유학을 마치고 귀국한 진보적 지식인 남성들이

흠모의 대상이던 유럽의 도시 여성을 개혁의 모델로 삼아

개혁을 추진했던 것이다.

베일 벗기기: 근대를 열다

근대화 이전까지 모든 중동 국가에서 베일은 이슬람 여성에게 하나의 삶이었고 여성이라는 정체성을 구성하는 표상이었다. 그런데 근대화의 물결과 함께 여성의 베일 착용에 반론이 제기되기 시작한다. 서구 문명의 충격을 받은 진보적 계몽주의자들이 이슬람 사회의 개혁을 위해 여성 격리와 베일 착용을 금지해야 한다고 생각하기 시작한 것이다.

이집트의 진보적 계몽주의자 카심 아민은 이집트 근대화를 실행하는 데 선구적 역할을 한 지식인이었다. 그가 집필한《여성해방론》(1899년)은 중동에서 출판된 최초의 페미니즘 서적이다. 그 책은 아랍 여성에 대한 논쟁을 촉발하는 중요한 단초가 되었으며, 특히 베일 착용에 대한 논쟁은 더 나아가 여성의 지위 문제로까지 확산되었다. 그는 이슬람 율법에 입각한 종래의 사고를 현실에 맞게 재해석하는 노력이 필요하다고 주장했고, 여성의 지위 개선을 위해 여성의 초등교육·일부다처제·이혼법 등을 전면 개정할 것을 요구하고 나섰다. 카심 아민은 무엇보다도 개혁으로서의 상징적 의미를 담고 있는 베일의 폐지에 주력했다. 그는 여성의 베일을 없애야만 이집트를 비롯한 이슬람 국가들이 근본적으로 변화할 수 있고, 또 사회 변혁까지도 꾀할 수 있다고 생각했다. 사람들의 외모가 변해야만 사고방식도 변할 수 있으므로, 베일을 벗어버리는 것이 구습을 청산하기 위한 필수 요소라고 보았던 것이다.

개혁파 지식인을 비롯한 많은 여성 운동가들이 베일 벗기를 주장했으나, 보수 지식인들과 종교인 그리고 일부 정치인의 반대도 만만치 않았다. 심지어 이집트 여성들이 베일을 벗으면 이집트 사회가 붕괴될 거라고 믿는 언론인들도 있었다. 그러나 1920~1930년대에 접어들면 극소수 사람들만이 여전히 베일을 고집할 뿐, 얼굴을 가리는 베일은 점차 사라져갔다. 결국 1930년대 말에는 이집트에서 얼굴을 베일로 가린 여성을 거의 찾아볼 수 없게 된다. 1937년 이집트의 권위 있는 종교 기관인 아즈하르가 여성의 베일 벗기를 반대하지 않는다고 공표함으로써 여성의 베일 벗기는 종교적인 신뢰와 권위까지 얻게 되었다. 서구 문명의 직접적인 영향을 받은 사상가나 진보적 계몽주의자들이 제기한 여성 문제는 이렇게 중동 지방 이슬람 사회에 서서히 영향을 미치기 시작했다. 이전까지 사회 참여의 기회를 박탈당했던 이슬람 여성들은 식민 국가의 통치자들에 의해 개혁의 표상으로 새로이 활용되기 시작했다. 진보적 계몽주의자들은 베일을 벗고 서구적 외모를 한 활동적인 여성들을 통해 자신들의 나라가 근대화되었음을 입증하고 싶어 했다. 문제는 이러한 베일 벗기가 엄격하게 말해 여성 권익의 차원에서 실시된 개혁은 아니었다는 데 있다. 다음 터키의 사례를 통해 베일 벗기의 이면을 들여다보기로 하자.

중동 국가 대부분의 영토를 차지하고 있던 오스만제국 말기까지 여성의 베일은 그대로 유지되었으며 여성의 격리 역시 그대로 이어지고 있었다. 그러나 터키는 공화국 건설 이후 세속주의로 노선을 크게 수정하고 여성의 계몽에 앞장서기 시작한다.

당시의 개혁은 여성이 주체적으로 제기한 것이 아니라 남성이 주도한 것이었다. 유럽에서 유학을 마치고 귀국한 진보적 지식인 남성들이 흠모의 대상이던 유럽의 도시 여성을 개혁의 모델로 삼아 개혁을 추진했던 것이다. 이슬람의 과거 영광을 되살리기 위해 세속주의와 정교분리를 공화국 출범의 원칙으로 삼았던 터키는 여성의 지위를 신장하는 것이 국익에 도움이 된다고 믿었다. 그리고 여성 교육의 필요성을 절감한다. 이러한 계몽주의자 지식인들의 요구로 터키 사회에는 '신여성'이 등장하게 되었다.

한국의 개화기에 신여성과 구여성의 삶이 옷차림에서부터 크게 달랐던 것처럼 터키의 신여성도 전통적 여성과는 그 모습부터가 달랐다. 여성들은 베일을 벗어던지고 과감한 서구식 복장을 했다. 피아노와 테니스를 배우는 것은 기본이었다. 여성의 학교 교육이 아직 제도화되지 않았으므로 신여성들은 대체로 가정교사를 통해 교육을 받았다. 그들은 외국어를 배우는 것은 물론이고 사회과학과 역사 수업도 받았다. 언제든지 집을 방문하는 남성들과 어울려 토론에 참여할 수 있었다. 대체로 신여성은 진보적 계몽주의자 남성들의 딸이었고 부르주아 출신이 많았다. 계몽주의자 남성들이 유럽 유학 중 동경했던 유럽의 도시 여성을 '이상향'으로 삼아 딸들을 길러내기 시작했던 것이다. 당시 신여성들은 '알라프랑가 여성'이라고도 불렸는데, '프랑스 스타일 여성'이란 의미였다. 서구화가 진행되던 시기, 터키는 프랑스로부터 문화적 영향을 많이 받았다. 서구식으로 보이는 여성들은 모두 프랑스 스타일이라고 보았던 것이다. 재미있는 것은 구여성에 비해 신여성은 신붓감으로는 별 인기가 없었다는 점이다. 사회가 베일을 벗은 여성을 수용하기까지는 많은 시간을 필요로 했다. 남성들은 신여성을 선망하기는 했지만 배우자로서는 전통적 사고를 가진 구여성을 선호했다.

이런 사회 분위기도 중요하지만 무엇보다도 무스타파 케말 아타튀르크(케말 파샤)의 개혁이 없었다면 터키는 오늘날과 같은 세속주의 국가가 되기 어려웠을 것이다. 무스타파 케말은 오스만제국 말기에 기울어가는 국력을 회복하기 위해 개혁을 일으켜 터키공화국을 출범시킨 초대 대통령이다. 무스타파 케말의 위력에 대해서는 어느 누구도 감히 비판하지 못할 만큼 터키에서 그의 위상과 위력은 대단하다. 그는 터키에서 국부國父로 통한다('아타튀르크'라는 칭호는 '터키의 아버지'를 뜻한다). 그는 여성의 베일 착용을 전면적으로 금지했으며 여성에 관한 이혼법·상속법 등을 전면 개정함에 따라 여성의 지위 향상에 직접적인 영향을 미쳤다.

그는 이슬람교를 근대화의 큰 장애물로 여기고, 드디어 1924년 3월 칼리프 제도를 폐지하여 이슬람 세력을 약화시킬 기반을 마련했다. 그는 문명화가 서구화를 의미한다고 생각했고, 여성의 베일 착용에도 거부감이 컸다. 사람들의 정서상 여성의 베일 착용 금지를 급작스럽게 추진할 수는 없었지만 이미 서구 도시 여성을 이상적인 여성의 모델로 삼았던 개혁 세력은 여성의 베일 착용 문제를 민족의 근대화와 발전을 위해 반드시 해소해야 할 과업으로 생각하고 있었으므로, 1935년 '베일 착용 금지'를 본격 추진했다. 그러나 여성들이 베일을 자발적으로 벗기까지는 좀 더 많은 시간이 필요했다. 오랜 세월의 관습이자 종교적 의무로 세습된 베일을 벗는 것은 여성들 자신뿐만 아니라 사회 분위기가 함께 변화해야 하는 문제였기 때문이다.

현재 터키 여성은 자유의지에 따라 베일 착용을 선택할 수 있다. 그러나 아직도 고등교육기관과 공공 기관에서 일하는 여직원에 한해서만큼은 베일 착용이 엄격히 금지되고 있다. 1981년에는 '교육부와 기타 정부 부처에 속한 교직원과 학생 의복 관련 규정'이 제정되었다. 이 규정이 실시되자 베일을 쓰고 교실에 들어가는 여학생들은 경고를 받았다. 심지어 일부 교수들은 입실을 허용하지 않았다. 한편에서는 고등교육기관에서 베일 착용을 금지하는 것에 반기를 드는 세력이 등장하면서 결국 정부의 금지 명령에 대한 적법성 문제를 두고 행정소송이 제기되기까지 이르렀다. 결과는 세속주의의 승리였다. 1990년에는 '고등교육기관법'에 추가 조항으로 여성의 의복 문제가 명시되었다. 이 조항에는 "현재 발효 중인 법에 위배되지 않는 조건으로 고등교육기관에서의 의복은 자유롭게 선택한다"라고 명시되어 있지만 자유로운 의복 선택을 제한할 수 있는 단서는 여전히 달아놓았다.

베일 착용 문제는 기본적으로 자발적 선택이지만, 최소한 공공기관과 고등교육기관에서는 베일을 착용할 수 없다는 규정은 세속주의 원칙을 고수하고자 하는 터키 정부의 강력한 방침이다. 이 때문에 터키 대학가에서는 베일을 고수하는 전통주의자 여학생들과 학교 측 사이에서 종종 분쟁이 발생하기도 한다. 베일을 쓴 여학생들은 대체로 베일을 쓰는 여학생 그룹하고만 어울릴 뿐 다른 학생들과 교류하지 않는 경우가 많다. 또 '남학생이나 남자 교수들과 악수하는 행위에는 동참할 수 없다'는 이유로 사은회 같은 학교 행사에 참석을 거부하는 등 집단행동을 하는 경우가 있어 학교 측을 곤혹스럽게 만들기도 한다. 이 같은 극단적인 행동은 세속주의 정부 정책에 대한 반감의 표현이기도 하다. 학교 캠퍼스에서 볼 수 있는 양분된 여학생들의 모습은 세속주의자와 전통주의자로 양분된 터키 사회의 단면을 드러내준다. 재미있는 것은 남학생들의 이원화는 복장의 차이가 없으므로 가시화되지 않는데, 여학생들의 이원화는 두드러지게 가시화된다는 점이다.

이렇듯 터키에서 여성의 베일 착용 논쟁은 세속주의자와 전통주의자의 이념 갈등 차원에서 전개되고 있다. 이슬람 전통주의자들은 공화국의 세속주의 원칙이 종교의 자유를 제한하고 있다고 비난하는 반면 세속주의자들은 전통주의 이슬람 세력이 베일 착용을 확산시켜 공화국의 기본 원칙을 약화시키려 하고 있다며 팽팽히 맞서고 있는 것이다.

그런데 최근 터키에서 이슬람 정당이 집권당이 되면서 세속주의와 이슬람 전통주의자 사이의 갈등과 긴장이 갈수록 고조되고 있다. 2013년 6월 이스탄불에서 있었던 대대적인 시위도 이슬람 정당이 이슬람 율법에 따라 술 판매를 금지하는 등 여러 세속적인 생활 방식의 규제를 확대하자 세속주의자들의 불만이 터져 나왔던 것이다. 더구나 같은 해에 오랜 시간 동안 법으로 금지했던 여성들의 베일 착용 규제를 완전히 폐지하고 말았다. 학교나 공무원과 같이 공공 기관에서 근무하는 여성들은 베일을 착용할 수 없다는 법 조항을 폐지함에 따라 초대 대통령의 공화국 이념을 무시했다는 반발을 사고 있다

터키에서 이렇듯 국가가 나서서 여성의 베일 착용을 통제했던 것은 뒤에서 자세히 살펴보겠지만 다른 중동 국가에서 여성의 베일 착용이 서구에 저항하는 전략으로써 혹은 이슬람의 문화 정체성을 표상하기 위한 수단으로써 활용되고 있는 것과 동전의 양면을 이룬다. 종교적 신념이나 이슬람의 가치와 정체성을 고수하고 싶은 여성들의 개인적 욕망은 세속주의 정부의 공권력에 의해 철저하게 제한을 받는 것이다. 예를 들어, 종교적 신념에 따라 베일

을 쓰는 것은 허용되더라도, 베일을 쓴 여성이 공무원이 되거나 공공 기관에서 근무하는 일은 있을 수 없었다. 이것은 세속주의 정부에 대한 도전이자 반정부 행위로 간주되었다. 따라서 종교 경찰에게 통제를 받는 정도까지는 아니라고 하더라도, 개인적 신념을 공적인 공간에서 자유롭게 표현할 수 없고 공권력의 간섭을 받는다면 엄밀하게 이것도 세속주의 공권력의 폭력이라고 볼 수 있다.

이는 결국 근대 터키에서의 '베일 벗기'가 서구에게 '보이기 위한' 하나의 전략으로 실시된 데서 비롯한 한계라 할 수 있다. 터키의 계몽주의 지식인들은 터키가 진보된 국가임을 서구 세계에 알리고 싶어 했고, '진보'는 세속화이자 서구화라는 믿음 아래 강제로 여성에게 베일을 벗도록 했다. 이렇듯 여성의 자발적인 결정이 아니라 정치적 차원에서 동원된 베일 벗기는 진정한 의미에서 여성을 위한 개혁이 될 수 없었던 것이다.

남성과 여성의 관계를 규정하는 기호이자 종교적 의무였던

이슬람 여성의 베일은, 근대 초기에 이르면 서구와 식민 국가의

정체성 사이의 갈등의 표상으로 읽히기도 했고

서구화나 근대화의 척도로 읽히기도 했다.

베일 되찾기: 이슬람을 지켜라

중동의 진보적 계몽주의자들이 이슬람 사회의 개혁을 위해 베일 착용을 금지하는 것이 반드시 필요하다고 믿기 시작했듯이, 서구 식민주의자들에게도 이슬람 여성이 베일을 벗는 것은 문명화 실현의 척도이자 개혁의 상징으로 인식되었다. 그들은 식민주의 정책 덕분에 이슬람 사회가 문명화되었음을 내세우기 위해 여성들에게 베일을 벗을 자유를 주었다. 하지만 서구에 반감을 지닌 이슬람 전통주의자들은 이를 오히려 민족의식을 고취하는 계기로 삼았다. 베일을 고수함으로써 무슬림의 정체성을 부각시키는 길을 선택한 것이다.

알제리의 사례를 들여다보자. 프랑스는 알제리 식민 통치 정책의 하나로 여성의 베일 착용을 전면 금지하고 베일 벗기기 작업에 착수했다. 그러나 여성들은 서구에 저항하는 수단으로 베일을 활용했으며, 알제리 여성들은 독립운동에 간접적이지만 커다란 기여를 했다. 베일을 쓴 알제리 여성들이 프랑스군의 검색을 피해 비밀리에 정치 문서나 무기를 운반할 수 있었던 것이다. 알제리 독립 후에도 여성의 베일 착용은 서구와 식민 국가의 갈등 구도 차원에서 이해되었다.

이처럼 근대화와 더불어 여성의 베일 착용은 거의 대부분의 중동 국가에서 주요한 이슈로 떠올랐다. 서구 제국주의와 봉건 가부장적 사회라는 이중구조에 시달려야 하는 여성에게 베일의 의미는 그리 단순하지 않았다. 베일을 착용하느냐 안 하느냐만으로 여성의 해방이나 지위 향상을 논하는 것은 매우 단순한 접근이 아닐 수 없다. 왜냐하면 아랍 이슬람 사회에서는 일반적으로 민족주의와 페미니즘이 함께 공동전선을 형성하는 경우가 많았기 때문이다. 다시 말하면 여성의 지위 향상은 민족의 발전이나 해방을 떠나서는 논의할 수 없는 경우가 대부분이었다.

이집트를 중심으로 이슬람권에서 여성해방을 주장하고 나선 카심 아민의 '여성해방' 논의만 해도 사실상 여성의 권익과 지위 향상 차원에서 여성해방이나 베일 착용의 폐지를 주장한 것은 아니었다. 여성해방은 터키에서도 서구와의 대립 속에서 여성의 지위 향상이 국익에 도움이 된다는 생각에서 논의되었다.

이렇듯 남성과 여성의 관계를 규정하는 기호이자 종교적 의무였던 이슬람 여성의 베일은, 근대 초기에 이르면 서구와 식민 국가의 정체성 사이의 갈등의 표상으로 읽히기도 했고 서구화나 근대화의 척도로 읽히기도 했다. 각국 상황에 따라 베일의 존폐 문제가 각각 다르게 표출되었을 뿐만 아니라 여성해방에 결정적인 역할을 한 것도 아니었다. 그 이면에는 여성의 권익 향상이라는 목적보다는 민족의 미래에 대한 전망이 숨어 있었기 때문이다.

오늘날에도 우리는 이슬람 여성의 베일 착용을 바라볼 때 같은 오류를 범하는 경우가 많다. 과거 아프가니스탄을 점령하고 탈레반 정권을 무너뜨린 미국은 아프가니스탄에서 고통받는 여성들을 구원해주었다는 것을 과시하려고 최초로 여성 앵커를 고용하고 여성들이 부르카를 벗도록 조치했다. 서구 언론은 무시무시하고 폭력적인 이슬람 원리주의자 정권인 탈레반이 물러가고 아프가니스탄 여성들에게 지상낙원이 펼쳐진 것처럼 떠들어댔다. 그러나 아프가니스탄 최초의 여성 앵커는 "부르카를 벗었다고 해서 우리에게 해방이 온 것은 아니다"라고 울부짖었다. 그녀의 의미심장한 발언은 여성의 베일 착용 문제를 민족의 관점에서 접근했을 때 범할 수 있는 오류가 무엇인지 분명히 보여주고 있다. 자신들이 점령한 나라에서 정당성을 확보하기 위해 여성들이 베일을 벗도록 조치하고 문명화의 선전 도구로 이용하려 했던 미국이나, 이슬람 정체성을 강화하기 위해 아프가니스탄 여성에게 베일 착용을 강요했던 탈레반 정부나, 이슬람 여성의 입장에서는 과연 무엇이 얼마나 다를까?

이란도 상황은 다르지 않다. 이란에서 베일 문제는 1979년 호메이니에 의해 처음으로 제기되었다. 호메이니는 이란에서 이슬람 혁명을 일으킨 정치 및 종교 지도자였다. 이슬람 혁명이 일어나기 이전에는 중동의 어느 나라보다도 자유롭고 서구화된 삶을 누리던 이란 여성들은 베일 착용에 있어서도 자유로웠다. 그런데 이슬람 혁명 이후 베일 강제령이 내려지고, 여성들은 모두 검은 차도르 안으로 몸을 감추어야 했다. 골목마다 종교 경찰이 지키고 있었다. 이들은 베일 밖으로 나온 머리카락을 가위로 자르는 등 일제히 단속에 나섰다. 1989년에는 '올바르지 않은 베일 착용에 대처하기 위한' 행정 조례를 포함해 수많은 법안들이 상정되기 시작했고, 베일은 종교적 칙령의 주제로 부상하기 시작했다.

여성들은 강제적인 베일 착용에 반대했다. 그들의 저항운동은 이슬람 권력을 위협하는 수단으로 발전했다. 터키에서 여성의 베일 착용이 세속주의 원칙에 반대하는 정치적 움직임으로 읽혀 사회적 문제가 되고 결국 세속주의자와 이슬람 전통주의자 간의 갈등으로 이어졌던 것처럼, 이란에서도 이 시기 베일 문제는 이슬람 혁명을 주도한 국가권력과 반대 세력의 대립으로 확대되었다. 단순히 여성이 베일을 쓰고 안 쓰고의 문제라기보다는 이슬람 원리주의에 입각한 정부의 공권력을 인정하느냐 안 하느냐의 문제였던 것이다. 이란의 사례를 조금 더 면밀하게 검토해보자.

이란 정부는 철저한 복장 통제를 지속적으로 반대하던 여성들을 콜레라와 같은 전염병에 비유했다. 따라서 아직 전염되지 않은 사회를 보존하기 위해 베일 착용과 같은 도덕적 공공 행위를 엄격하게 유지해 나가야 한다고 주장했다. 이것이 사회를 위한 예방접종이라는 것이다. 그러므로 국민의 건강을 위해서 예방접종이 강제성을 갖는 것처럼, 베일 착용 문제를 놓고 국민적 합의를 끌어낼 필요는 없다고 주장했다.

베일을 쓰지 않는 여성을 사회적 질병으로 규정했던 당시 사회 분위기는 베일 착용을 완강히 거부하는 여성들을 격리해서 치료할 필요가 있다고 생각하도록 만들었다. 따라서 베일을 쓰지 않은 여성은 일자리를 잃었으며, 이슬람의 체벌(태형 74대)을 받았으며, 길거리에서 신체적 공격을 받았고, 사회에서 따돌림을 당했다. 상점에서는 물건을 파는 것조차 거절했고, 은행, 관공서, 택시 그리고 항공사들은 이러한 여성들과 거래하는 것을 거부했다. 한편 '재활 캠프'에 입소하라는 위협까지 받았는데, 비용은 물론 전적으로 여성이 부담해야 했다.

당시 베일 착용을 거부하는 것은 생명을 담보로 위험을 감수해야 하는 일이었다. 따라서 여성들은 베일 착용을 전면적으로 거부할 수가 없었다. 그래서 그들은 생명까지 담보로 내거는 행위를 자제하는 대신, 문제를 일으켜서 사회적으로 이슈를 만들어가는 방법을 택했다. 그래서 반복적으로 작은 위반 행위를 저질러 정부나 종교 집단의 골머리를 앓게 만들었다. 이런 소소하고도 의도적인 위반 행위는 '베일 착용 불량'이라는 신조어까지 만들어냈다. 여성들은 베일을 불량하게 착용하는 방법으로 정부에 대항했고, 이러한 여성들의 저항에 정부는 끊임없이 캠페인을 반복하며 맞섰다.

캠페인 내용은 서구 제국주의 문화를 근절해야 한다는 것이 주를 이루었다. 여성들이 서구의 영향권 아래 놓이는 것을 차단하는 것이 이슬람 혁명의 필수 요소라는 것이었다. 베일을 바르게 착용하는 것이야말로 새로운 국가가 이슬람 가치를 표방하고 있음을 드러내는 길임을 강조했다. 베일을 모욕하거나 베일에 경의를 표하지 않는 것은 베일을 착용한 여성을 모욕하는 것일 뿐만 아니라

모든 이슬람의 가치를 모욕하는 것이며 나아가 예언자를 모독하는 것이라고 몰아갔다. 또한 국가권력과 종교적 권위를 가진 사람은 진정한 이슬람이 무엇인지 정의 내릴 특권이 있었다. 베일은 종교적으로 중요한 사안에 해당하므로 개인의 취향이나 해석에 따라 판단할 문제가 아니라는 것이 이들의 견해였다. 이러한 이유들 때문에 베일 착용은 여성으로 또 종교적으로 얼마나 충실한지를 가늠하는 척도가 되어버렸다.

이렇듯 서구에 대한 저항으로서 이슬람의 가치와 정체성을 드러내고자 강요된 여성의 베일 착용은 여성 스스로 선택할 기회 자체를 차단함으로써 여성을 민족 담론의 희생양으로 만들었다. 실제로 이때 이슬람 혁명에 반대하는 많은 이들이 망명길에 올랐고 그중 여성의 수도 적지 않았다. 필자가 1989년 유학 시절 터키 앙카라에서 만난 열아홉 살의 이란 여성은 경직된 이란 사회에서 도망쳐 나온 여성이었다. 그녀는 여행 가방 깊은 곳에 차도르를 숨겨두고 노랗게 염색한 금발 머리를 휘날리며 거리를 활보하는 것을 매우 좋아했다. 아름다운 외모를 드러낼 자유를 고국에서 누리지 못했던 그녀는 앙카라의 거리에서 빼어난 외모에 쏟아지는 남성의 시선을 즐기는 듯도 했다. 그녀는 헤어 디자이너가 되는 게 꿈이었는데, 이슬람 혁명과 동시에 이란 사회에서는 더 이상 이룰 수 없는 불가능한 꿈이 되어버렸던 것이다. 그녀의 젊음과 용기가 그녀에게 꿈을 찾아주긴 했지만, 그녀는 고국에 있는 가족과 친구들을 몹시 그리워하며 이란 사회를 원망하고 있었다.

궁극적으로는 가난한 비서구 국가의 국민들이 국경을 넘어 서구로 모여들고,

가난한 이주 노동자들은 이등 시민 취급을 받으며

저임금과 차별 속에 불만을 축적할 수밖에 없는 현실이 문제인 것이지,

문명의 차이는 여기에서 대단한 갈등의 요소라고 볼 수 없다.

베일을 둘러싼 문명의 충돌

베일은 인권 문제 논쟁의 정점에 있는 한편 문명의 충돌을 드러내는 접점이기도 하다. 서구 사회에서 무슬림 이민자 여성의 베일 착용은 서구 문명과 이슬람 문명 간의 갈등으로 읽히기 때문이다.

예를 들어, 프랑스가 제정한 무슬림 여성의 베일 착용 금지법(2004년 8월 31일)은 각종 소요 사태의 원인이 되고 있다. 이 법은 프랑스의 정교분리 원칙에 입각해 제정되었지만 실질적으로는 이민자에 대한 차별을 부르고 있다. 이 법의 골자는 공립 초·중·고등학교 내에서 명백한 종교 상징물 및 차림 금지, 법 수용을 거부할 경우 일정 대화 기간을 거쳐 퇴학 처분, 누벨칼레도니 등 해외 영토에서도 법 적용 가능, 2004~2005학년도부터 시행 등이다. 이

법은 이슬람 여성의 머리 스카프뿐 아니라 유대교 모자, 커다란 기독교 십자가 등 모든 종교 상징물의 착용을 금지하고 있으나 법 제정의 실질적 목적은 두드러지게 눈에 띄는 무슬림 여성의 머리 스카프 착용을 금지하기 위한 것으로 받아들여지고 있다. 프랑스 정부는 법 제정의 배경 설명에서 '정교분리의 공화국 원칙'을 강조하며 학교가 종교로부터 완전히 해방된 공간이 되어야 한다고 강조했다. 대부분 프랑스 국민과 여야 정치인의 지지를 받은 이 법안은 2004년 2월과 3월 하원과 상원에서 잇따라 압도적인 표차로 가결되면서 법제화가 완결됐다. 그러나 프랑스 내 이슬람 단체와 무슬림 들은 법 제정이 추진되면서부터 명백한 특정 종교 차별이라고 강력 반발하며 여러 차례에 걸쳐 대규모 시위를 벌였다. 유럽과 다른 이슬람권 국가에서도 법안 반대 시위가 잇따르며 이슬람교와 기독교 사회 간의 갈등을 오히려 악화시키는 역작용을 초래할 거라는 우려가 제기되는 등 이 법은 분쟁의 '불씨'가 되었다. 그렇다면 프랑스 학교의 베일 금지령을 시점으로 산발적으로 번지고 있는 서구 대도시 이민자 폭동이나 글로벌 테러를 과연 문명의 충돌로 볼 수 있을까?

　미국의 정치학자 새뮤얼 헌팅턴은 《문명의 충돌》(1996년)에서 세계화 바람이 부는데도 끊이지 않는 갈등과 대립을 '문명의 충돌'

이라는 논리로 설명해 주목을 받았다. 헌팅턴에 따르면, 오늘날 세계 역사는 국가 간 대립과 이데올로기 간 대립을 끝내고 '문명' 간 대립 단계로 들어섰다는 것이다. 이념의 차이로 갈라선 이들은 때로 피를 부르는 충돌을 초래하기도 한다. 그는 충돌을 막으려면 문명 간의 경계를 명확히 그어 갈등이 벌어지는 면적을 최소로 줄여야 한다고 주장한다. 그렇지 못할 경우 유교 문명권과 이슬람 문명권이 동맹을 맺어, 서구 기독교 사회를 공동의 적으로 삼아 맞서는 악몽이 현실이 될 수도 있다는 것이 그의 진단이다.

그러나 헌팅턴의 논리는 미국을 중심으로 한 서구와 비서구 세계의 대립을 이분법적인 선악의 대립 구도로 보았다는 점에서 비판을 받고 있다. 그의 논리에 대응해 하랄트 밀러는《문명의 공존》(1998년)에서 '문명 충돌론'은 동서 냉전이 종식된 뒤 '공산주의'라는 적을 잃어버린 서구 사회가 새로운 적을 통해 존재감을 확보하려는 데서 출발한 시각이라고 비판했다. 그리고 '폭력적인 이슬람'이라는 이미지 역시 미국의 편협한 시각이라고 지적했다. 뮐러는 지난 역사 속에서 벌어진 전쟁을 살펴보면, 문명보다는 계급이나 인종, 민족, 국가 쪽에 그 원인이 있다고 주장한다. 한편으로 '세계화'의 여러 과정들, 예를 들어 각국 국민경제의 전 세계적인 자본주의화, 현대 기술의 확산, 생태 시스템의 상호 연관 문제와 함께

ⓒ서정환

문명 충돌론을 파악해야 한다고 설명한다.

  프랑스의 베일 금지령과 이로 인한 파리의 소요 사태 또한 뮐러가 언급한 구조적인 문제로 보는 것이 타당해 보인다. 사실 프랑스에서는 인종차별이 법으로 엄격하게 금지되어 있지만, 여전히 사회 곳곳에서 차별 행위가 계속되고 있다. 프랑스 내 무슬림 인구는 무려 500만 명 가까이 되지만, 끊임없이 소수자 차별 논란이 일어나고 있다.

  대다수가 무슬림이라고 볼 수 있는 이민자들은 보이지 않는 차별을 받으며 살아왔다. 문명의 충돌에서 원인을 찾는 것은 서구인들의 피상적인 접근일 뿐, 실상은 이러한 인종적·계급적 차별이 파리의 소요 사태로 이어지고 있는 것이다.

당시 소요 사태는 저소득층인 북부 아프리카 출신 이슬람교도가 밀집해 사는 파리의 북동쪽 외곽 도시 클리시 수 부아에서 시작되었다. 경찰의 추격을 피해 달아나던 아프리카계 10대 소년 두 명이 변전소 변압기에 감전되어 숨졌고, 이를 두고 주민들이 경찰의 과잉 추격이라며 항의한 것이다. 사건이 발생한 그날 밤에는 대규모 경찰 병력이 최루탄과 고무총을 쏘며 강경 진압에 나선 탓에 마을이 조용했지만, 다음 날에는 인근 올네 수 부아 등 9개 빈민 마을의 청년들로 구성된 시위대가 격렬하게 저항하면서 수십 건의 방화 사건이 일어났다. 프랑스 경찰 측은 이로 인해 차량 69대가 불탔다고 주장했다.

당시 내무부 장관이었던 니콜라 사르코지가 이 사태에 초강경으로 맞선 데다 이슬람교도가 몰려 사는 교외 저소득층 지역에서 문제를 일으키는 '인간쓰레기와 건달' 들을 대대적으로 '청소' 하겠다며 인종차별적인 발언을 해, 사태를 더욱 악화시키는 결과를 낳았다. 결국 소요 사태는 파리 인근을 넘어서 프랑스 전역으로 확산되었다.

이 사태는 프랑스 사회가 안고 있는 무슬림 및 아프리카계 이민자의 문제가 한꺼번에 폭발한 사건이다. 화려한 파리 도심과는 대조적이게도 파리 교외에는 주로 아프리카계 이민자 거주지를 중심으로 빈민촌이 형성된 지 오래고, 프랑스 주류 사회의 높은 장벽으로 인해 이민자 2세들도 역시 힘겨운 상태에서 벗어나지 못하고 있는 게 현실이다.

궁극적으로는 가난한 비서구 국가의 국민들이 국경을 넘어 서구로 모여들고, 가난한 이주 노동자들은 이등 시민 취급을 받으며 저임금과 차별 속에 불만을 축적할 수밖에 없는 현실이 문제인 것이지, 문명의 차이는 여기에서 대단한 갈등의 요소라고 볼 수 없다. 구조적인 문제를 문명의 차이로 단순화하는 것은 현실을 회피하려는 이들이 둘러대기 위해 찾아낸 피상적인 핑계에 지나지 않는다.

2006년 1월에 덴마크에서는 무함마드를 머리에 시한폭탄을 매단 악마로 묘사하고 이슬람을 테러리즘의 원흉으로 부각시킨 만평이 실렸다. 이에 대해 전 세계 무슬림들은 분노했다. 각국 덴마크 대사관 앞에서 시위가 벌어졌으며 덴마크 국기가 불에 탔다. 이 만평에 대해 서구 언론은 '표현의 자유와 종교적 신념의 대립'으로 여론을 몰아갔다. 그러나 과연 무슬림들의 분노가 표현의 자유를 이해하지 못하는 편협한 종교적 신념에서 연유한 것일까? 아니면 서구의 보편적 가치를 이해하지 못하는 무슬림과 서구와의 문명의 충돌에서 비롯된 것일까?

유일신 신앙과 철저한 우상숭배 금지 사상으로 인해 이슬람교에서는 알라나 예언자 무함마드를 그리는 일이 철저하게 금지되어 있다. 그러므로 이슬람 조각이나 그림 등에서 알라나 무함마드가 등장하는 것은 거의 찾을 수 없다. 무함마드가 등장하더라도 대부분 하얀색으로 칠하여 형체가 드러나지 않게 표현하고 있다. 그런데 다른 종교의 신성불가침 영역까지 조롱과 풍자의 대상으로 삼은 것은 타문화에 대한 몰이해를 넘어 정치적 목적이 담긴 의도적인 침해라고 보지 않을 수 없다. 이것은 언론의 자유와 표현의 자유라는 미명 아래 다른 종교의 신성함까지 침해하는 폭력 행위인 것이다.

최근 서구 유럽 사회에서 이민자 이슬람 여성들을 대상으로 한 베일 착용 금지도 단지 베일에 대한 몰이해에서 비롯된 문명의 충돌이 아니라 정치적인 의도가 있는 것은 아닌지 생각해볼 여지가 있다. 정치적 의도가 없다면 이민자들의 종교적 신념에서 비롯된 행위까지 제한할 이유가 없기 때문이다. 프랑스가 정교분리를 국시로 내걸고 있기는 하지만, 북아프리카의 무슬림 이민자들에 대한 인종차별과 이슬람 문화에 대한 혐오감을 지나칠 정도로 드러내 문제가 된 적도 적지 않다. 더구나 이슬람 근본주의의 확산과 이로부터 프랑스를 지켜야 한다는 장 피에르 라파랭 총리의 발언은 이슬람교도의 세력화를 경계하고 있다는 의혹을 지울 수 없다.

프랑스인을 비롯한 서구인들이 정서적으로 이슬람에 갖는 경계심에는 역사적 원인이 있는 것도 사실이다. 오스만제국은 유럽과 아프리카 그리고 아시아에 이르는 세 대륙을 지배했던 제국이었다. 지중해가 오스만제국의 호수 정도로 간주되었을 만큼 제국의 위력은 어마어마했다. 600여 년이 넘는 시간 동안, 동유럽을 비롯해 오늘날의 비엔나에 이르는 방대한 유럽 땅이 오스만제국의 지배를 받았다. 유럽인들은 당시 '터키인'이나 '무슬림' 하면 치를 떨었다. 빵에 프랑스어로 초승달을 의미하는 '크루아상'이라는 이름을 붙여 이슬람 세계를 상징하는 '초승달'을 매일 씹어 먹는 프랑스인의 행위야말로, 그들이 이슬람 세계에 가지고 있는 적대감과 혐오감이 어느 정도인지를 알 수 있게 해준다.

이렇듯 이슬람 세계에 대한 프랑스 사회의 적대감은 북아프리카 무슬림 이민자들에 대한 정치적 탄압을 더욱 가중시켰고, 이것은 인종 아닌 인종차별로 이어졌다. 그런데 이를 문화 전쟁이나 문명의 충돌로 단순화시킨다면 그 내부에 엄연히 존재하는 구조적인 문제를 풀어낼 실마리조차 찾을 수 없게 된다.

문제를 서구와 이슬람 세계가 아닌 전 지구적 차원으로 확대해 보자. 서구와 제3세계 사이의 엄청난 경제 격차는 가난한 제3세계인들로 하여금 국경을 넘어 서구로 모여들게 했다. 서구 사회에서 이주 노동자가 된 그들은 내부인도 외부인도 아닌 경계인이 되어버렸다. 서구의 신자유주의 그물망 속에 포획된 이주민들의 문제는 경제 자유화로 발생되는 부익부 빈익빈 현상과 더불어 구조적으로 접근해야 한다. 이는 세계화를 주도해온 서구 사회가 문명 차이로 감추려들지 않고 드러내놓고 풀어야 할 문제인 것이다.

이슬람의 여성관

이슬람 사회에서의 여성의 지위 그리고 여성의 베일 착용이나 일부다처제와 같은 제도적 관습을 좀 더 깊이 이해하기 위해 《꾸란》에 나타나는 여성관을 들여다보자.

남녀동격관 男女同格觀

이슬람은 기본적으로 인격적 차원에서 남녀가 평등하다고 본다. 그것은 남녀의 공동 창조를 믿는 것에서 알 수 있다. 이슬람의《꾸란》은 기독교의 구약성서와 내용이 별반 다르지 않다. 그러나 명백한 차이점은 남녀의 공동 창조를 주장한다는 것이다. 이슬람은 이브가 아담에서 창조되었다는 창세기를 전면 부정하지는 않으나, 아담의 갈비뼈로부터 만들어진 것이 아니라 인간 창조의 필수 불가결한 요소로서 당당하게 창조되었으며, 그 후 공동으로 인간을 번식시켜왔다고 믿는다. 다음은 그것을 알 수 있는《꾸란》의 구절이다.

"백성들아, 한 영혼으로부터 너희를 창조하시고 그로부터 그의 배우자를 창조하신 주님을 경의하라. 그리고 그들로부터 많은 남자와 여자가 퍼졌으니…"

(4장 1절)

이슬람은 기독교에서처럼 이브가 아담을 유혹하여 신의를 저버리게 했다고 보지 않으며 두 사람을 공범으로 본다. 그러나 그들이 회개했으므로 알라는 그들을 용서하고 구원했다는 것이다. 그러므로 이슬람에서는 여성이 '알라의 형상인 남성을 파괴한' 원죄를 가졌다고 간주하지 않는다. 하나의 영혼에서 창조된 여성과 남성이므로 양성이 동등하게 존재해야 한다는 믿음으로부터 출발한다.

이슬람에서는 여성도 남성과 마찬가지로 알라에게 복종하는 존재이므로 남성과 동등한 종교적 권리를 누리도록 한다. 남녀는 알라 앞에서 동등한 인격체로서 신앙에 충실하다면 성차와 무관하게 보상을 받을 수 있다. 《꾸란》에서는 다음과 같이 명시되어 있다.

"… 남자건 여자건 너희들이 행한 선행은 결코 헛되지 아니할 것이다. … 알라의 보상으로 그대들을 냇물이 흐르는 낙원으로 들어가게 하리니…"

(3장 195절)

마찬가지로 여성은 남성과 동등한 종교적 의무를 수행해야 한다. 이슬람에서는 5주라고 하는 종교적 의무가 있는데, 그것은 바로 신앙고백, 예배, 금식, 자카트, 성지순례이다. 이런 종교적 의무를 수행하는 데 있어서 여성에게도 남성과 동등한 의무가 주어진다. 단, 여성의 종교적 의무가 조건부로 면제되는 기간이 있다. 그것은 바로 종교적 의무 중 하나인 금식 기간(라마단)이 산욕기나 수유기, 생리기와 겹칠 때인데 이 경우 금식을 일시 중단하고 나중에 그 기간만큼 보충해야 하며, 그 기간에는 가난한 사람에게 자선을 베풀 것을 권장하고 있다.

남녀유별관 男女有別觀

이슬람은 남성과 여성이 평등하지만 생물학적인 차이로 인해 사회 문화적으로 다른 삶을 살 수밖에 없음을 인정한다. 따라서 남녀

'성차'를 인정해야 한다고 보며, 이것을 '타프리카Tafriquh'라고 한다. 이로 인해 이슬람 여성의 지위와 인권에 대한 논쟁이 발생하기도 하는데, 그 내용은 다음과 같다.

첫째로,《꾸란》에 "남자는 여자보다 '상위上位'에 있으며, '위력偉力'하여 여자의 보호자가 된다"(4장 34절)라는 표현이 나온다. 남성 우월주의가 강한 이 표현은 사실상 남성이 육체적으로 여성보다 강하며, 사회적으로 여성을 보호하고 아내를 부양해야 할 책임이 있음을 명시한 남녀유별적 의미라는 것이 법학자들의 해석이다.

둘째, 경전의 계시대로라면 남성과 여성의 상속액 배분 비율은 2 대 1이다. 이것 또한 남녀의 사회, 경제적 처지가 다른 데서 오는 합리적 귀결이라는 것이 그들의 해석이다. 이슬람법에 의하면 남성은 아내와 가족을 부양해야 할 책임을 지니고 있으나 여성에게는 그러한 책임이 없다. 따라서 남성은 여성보다 더 많은 재산을 상속받아야 한다는 것이다.

셋째, 예배 시 남녀를 분리하는 것이다. 집단 예배 등 남녀가 함께 예배를 할 때 여성은 남성의 뒤편에 따로 있도록 한다. 이것은 계속 앉았다 일어서는 동작을 반복하고 절을 반복하는 이슬람의 예배 방식 때문에 남녀가 육체적으로 접촉할 수 있으며, 이러한 유혹 때문에 정신이 해이해질 수도 있다는 우려에서 나온 것이다.

넷째, 아내가 남편을 공경하도록 하는 것인데, 이슬람에서는 이것을 여성의 미덕으로 보고 있다. 아내가 미덕을 지키지 않을 시에는 충고를 하고, 안 되면 집 안에서 별거를 하다가 그것마저도 듣지 않으면 가볍게 때려주며, 그래도 안 되면 양측의 친척 중에서 각각 한 명씩 중재자를 내어 절충을 시도한다. 그래도 실패하면 이혼을 공식화한다. 이러한 방법은 남녀유별에서 오는 남성의 지위나 권리 행사일 뿐 일방적이며 가부장적인 권력 행사가 아니라는 것이 이슬람 법학자들의 남녀유별관적 해석이다. 그러나 위에서 언급한 사항들은 상당 부분 남성 중심적 해석이며, 논란의 여지가 있는 것도 부인할 수 없는 사실이다.

여성보호관 女性保護觀

여성은 남성과는 다르기 때문에 이러한 '차이'로 인해서 보호받아야 한다는 주장이다. 이슬람에서의 여성 보호는 남성과 사회로부터 보호와 부양을 받는 것이고, 나아가 여성으로 인해 발생 가능한 성적 문란과 패륜으로부터 사회를 보호하는 것이다.

우선, 이슬람에서는 여성이 육체적으로 연약하고 사회 활동의 제약을 받으므로 남성과 사회가 보호해야만 한다고 주장하고 있다. 그 대표적인 예가 바로 일부다처제다.

그리고 이슬람 여성의 지위를 논하는 데 가장 논란거리가 되고 있는 히잡 착용이 있다. 앞서 잠시 말했듯이 히잡은 '격리', '차단' 등의 뜻을 내포하고 있는 용어지만, 히잡의 착용은 본래 여성과 사회를 동시에 보호한다는 취지에서 비롯된 것이다. 이러한 히잡 착용은 다음과 같은 《꾸란》의 구절에 그 근거를 두고 있다.

"믿는 여인들에게 '눈을 아래로 뜨고, 정숙함을 지키며, 자연히 노출된 것 이외의 꾸밈새를 드러내지 말며, 얼굴 너울을 쓰고 가슴까지 내리우며, 남편, 아버지, 시아버지, 아들, 남편의 아들, 형제, 자매의 아들, 여자 종, 노비, 성적 욕망이 없는 남자 종, 여인의 내정을 모르는 어린이 외의 다른 사람들 앞에서는 꾸밈새를 드러내지 말라'고 이르라…"

(24장 31절)

이 구절의 골자는 여성으로 하여금 성적 자극을 촉발할 수 있는 행동이나 꾸밈새를 삼감으로써 여성 자신의 정숙함을 고수하고, 건전한 사회질서를 이루자는 것이다. 그러나 이슬람이 여성을 '알라의 형상인 남성을 파괴한 원죄'를 가진 것으로 간주하지 않고, 기독교에서처럼 이브가 아담을 유혹하여 신의를 저버리게 했다고 보지 않는다고 했음에도 불구하고, 궁극적으로는 여성의 몸을 '유혹자'로 규정하고 있음을 보여주는 대목이다. 즉 여성은 남성에게 언제나 유혹자이며, 남성의 성적 타락을 조장할 수 있는 존재이므로 잠재적 '악'이라는 시각으로 여성을 보고 있음을 드러내고 있다.

3

이슬람은
왜 베일을
욕망하는가

베일을 둘러싸고 수많은 담론과 비판이 제기되고 있지만 결국 베일 논쟁은 베일을 문화적 차이로 보아야 한다는 시각과 인권 유린으로 보는 시각, 이 두 가지로 귀결될 것이다. 그러나 이런 시각은 물론 외부의 시각이다. 우리가 알고 있는 것은 주로 외부의 목소리인 셈이다. 그렇다고 이슬람 사회 내부에서 아무 논의가 없는 것은 아니다. 민족 담론을 중심으로 전개되었던 탈식민주의 시각이나 여성주의 시각이 대표적인 담론인데, 이 또한 많은 논쟁을 낳고 있다.

이런 무수한 논쟁과 문제점이 제기되는 가운데 당사자인 이슬람 여성이 베일을 포기하지 않고 고수하는 이유는 무엇일까? 또 이슬람주의자들이 여성에게 베일을 쓰게 함으로써 무슬림 사회의 정체성을 유지하고 싶어 하는 심리적 기제는 무엇일까? 여성들이 베일을 쓰는 것이 어떻게 민족 정체성을 상징하는 표상이 될 수 있을까? 이런 문제들에 대한 설명을 풀어내지 못한다면 베일을 둘러싼 논쟁은 공허한 탁상공론이 되고 말 것이다. 이 문제를 풀기 위해서는 무엇보다도 외부인의 시선이 아닌 내부인의 시선으로 볼 수 있는 방법이 필요하다. 먼저 이슬람 여성들의 욕망이 무엇인지 읽어낼 수 있어야 하기 때문이다.

　우리가 알고 있지 못한 내면의 욕망을 프로이트는 무의식이라고 불렀다. 이슬람 세계의 내부 깊숙이 들어가 자신들도 알고 있지 못한 그들의 무의식과 만나보자. 이것으로 우리는 어쩌면 베일을 둘러싼 수많은 오해와 편견을 극복할 수 있을지도 모른다. 일차적으로 내부인의 시선으로 베일을 탐색하면서, 내부인 여성과 남성의 욕망과 무의식이 어떻게 다른지 살펴보자.

다음으로는 외부인의 시선이다. 이슬람 세계 외부에서 베일에 대한 무수한 비판을 내놓고 있지만 과연 그들의 담론에는 허점이 없는가? 인권이나 문화상대주의 담론이 지닌 폭력성이나 이데올로기적인 측면은 없는가? 이런 담론은 모두 서구에서 온 것이다. 그렇다면 이로 인해 비서구인의 시선이 굴절되어 있지는 않은가? 우리 모두가 보편적 진리라고 받아들인 것들은 과연 아무 문제가 없는 것인가? 어쩌면 우리가 끌어안고 있는 보편적 진리가 가장 위험한 폭탄일 수도 있지 않을까? 외부인의 시선으로 서구와 비서구인이 깨닫지 못한 그들의 욕망과 한계는 무엇인지 살펴보자.

 베일 속에는 오랜 역사를 통해 축적된 여성, 민족, 서구와 근대 등의 수많은 담론이 뿌리까지 엉켜 있다. 이제 한 가지 잣대로는 그 복잡한 층위를 이해할 수 없게 되어버렸다. 그렇다면 중층적이고 다성적인 시각으로 바라볼 수 있어야만 그 안에 녹아 있는 함의를 놓치지 않을 것이다. 지금부터 내부인 여성과 남성, 외부인 서구와 비서구의 시선으로 베일을 들여다보자.

베일 착용은 사회 고유문화를 받아들임으로써

어엿한 구성원이 되고자 하는 입문식이자

여성으로 탄생하는 하나의 통과의례이며,

권력을 획득하기 위한 방식 가운데 하나이다.

이슬람 여성의 시선으로

서구인들은 이슬람 여성들이 베일을 쓰는 것을 자율성을 빼앗긴 인권침해로 몰아갈 뿐 그 내면을 들여다보려는 노력은 별로 하지 않는다. 하지만 이러한 무조건적인 비판은 이슬람 사회에 대한 편견에서 비롯된 오해일 수도 있다. 이란이나 과거 아프가니스탄의 탈레반 정권에서처럼, 정부의 처벌과 통제를 통해 강압적으로 베일을 쓰게 하는 것은 엄밀하게 여성의 자유의지나 선택권을 인정하지 않는 행위이므로 물론 긍정적으로 평가할 수 없다. 또한 베일 착용에 대한 규정을 어겼을 경우, 구타나 체벌 등의 가혹한 학대로 이어지는 것은 당연히 확실하게 개선해야 할 문제다. 그러나 베일 착용을 강요하지 않는 나라에서도 이슬람 여성들은 자발적으로 베일을 쓰기도 한다. 이때도 인권이라는 잣대로 단죄할 수 있는 것일까?

여기에서 '자발성'을 어디까지로 보는가의 문제 역시 또 하나의 논쟁거리가 될 수 있을 것이다. 사람은 가족이나 공동체를 벗어나서 살 수 없다. 국가의 공권력이 미치지 않더라도 가족이나 공동체 같은 사회의 시선은 막강한 힘을 발휘하며 개인의 선택에 영향을 미칠 수 있기 때문이다.

그렇지만 이집트처럼 베일 착용을 다분히 개인적인 선택의 문제로 인정하는 나라에서 베일 착용을 '자발적으로' 원하는 여성들의 욕망을 우리는 어떻게 봐야 할까? 먼저 이슬람 여성들이 포스트모던 사회를 사는 오늘날에도 베일을 고집하는 이유에 대해 생각해보자. 세대에서 세대로 대를 물려가면서 베일을 고수하는 여성의 베일 착용 행위와 이슬람 문화 전통을 우리는 무엇으로 설명할 수 있을까?

사람은 자신이 소속된 사회나 공동체와 관계를 맺으며 살아가는데, 대체로는 자신이 관계 맺고 있는 전통이나 가족 그리고 민족 공동체 안에서 언제나 자신의 위치를 새롭게 창조하며 독자적인 영역을 확보하고 싶어 한다. 또한 자신이 처한 공동체의 전통이나 관습에 대해 비판적인 시각을 가질 때는 전통이나 관습과 거리를 두게 된다. 만일 자신이 속한 공동체나 사회 안에서 자신의 위치를 확보할 수 없다면 어떻게 될까? 정신분석학에서는 분열증자가 될 수밖에 없다고 말한다. 그렇다면 이를 베일 착용을 선택하는 이슬람 여성에게 적용해 분석해보면 어떨까?

이슬람 여성들이 베일 착용을 받아들이는 것도 공동체 안에서 자신의 위치를 확보하기 위한 선택일 수 있다. 과거의 전통인 베일 착용을 선택함으로써 사회의 구성원으로 받아들여지는 것이다. 이때 과거의 전통인 베일 착용을 강요받은 것이라고만 볼 필요는 없다. 과거의 전통 가운데 하나를 여성 스스로 선택한 것으로 볼 수도 있는 것이다.

한 사람이 살면서 자신의 정체성을 확보해 나갈 때, 그 정체성은 집단 정체성과 개인적 선택이 혼합된 결과물이라고 볼 수 있다. 그런데 자신의 정체성을 표현할 때 과거의 전통과 단절하는 형태를 취할 수도 있음에도 불구하고, 과거의 전통으로 돌아가거나 그것을 보완해서 새로운 전통을 창조해내는 경우가 많다. 이는 자신이 속한 집단의 정체성을 개인의 것으로 받아들이고자 하는 욕망의 표현이며 선택이라 볼 수 있다. 이슬람 여성의 베일 착용도 자신이 속한 사회의 고유한 전통을 받아들이면서 자신의 정체성을 만들어가고자 하는 여성들의 자발적인 표현일 수 있다.

이와 동시에 베일 착용은 여성으로서 남성과는 다른 사회 구성원이 되었음을 표시하는 입문식이기도 하다. 사람은 태어나면 여성도 남성도 아닌, 아이로서 사회 구성원이 된다. 그러나 일정한 나이가 되면 사회가 요구하는 남성으로서의 삶과 여성으로서의 삶이 다르다는 상징 질서를 받아들이게 된다. 그래서 아이는 어느덧 상징 질서 안에서 여성이나 남성으로 새롭게 '탄생'하기를 요구받는다. 여성은 자신의 생물학적 성과 더불어 사회 문화적인 성gender을 받아들이며 그 사회의 구성원으로 거듭나야 한다. 이슬람 율법에 따르면 여성은 아홉 살이 되면 베일을 써야 한다. 베일을 씀과 동시에 이슬람 고유의 여성관에 따라 남성으로부터의 거리 두기와 격리가 시작된다. 여성들은 베일을 받아들이면서 이슬람 사회의 구성원으로서 통과의례적인 입문식을 거치는 것이다. 동시에 공동체의 성별 의식을 받아들이고 '여성'으로 탄생하게 되는 것이라고 볼 수 있을 것이다.

한편 이슬람 사회에서 이슬람 여성은 자신이 원하는 사회·문화적 권력을 획득하기 위해 베일을 착용한다고 볼 수도 있다. 전통적으로 이슬람 여성은 몸을 베일로 가렸을 때 무슬림 남성의 존중을 더 받을 수 있었기 때문이다.

이렇게 이슬람 여성의 시선으로 베일을 볼 때, 베일 착용은 사회 고유문화를 받아들임으로써 어엿한 구성원이 되고자 하는 입문식이자 여성으로 탄생하는 하나의 통과의례이며, 권력을 획득하기 위한 방식 가운데 하나라는 설명이 가능해진다.

한편 이란처럼 베일 착용이 강제적으로 지켜지고 있는 국가나 이집트처럼 자발적으로 선택할 수 있는 국가 모두에서 이제 베일은 이슬람 여성에게 패션이 되었다. 다양한 색상이나 옷감의 베일이 만들어지기도 하고, 베일에 명품 바람이 불기도 한다. 베일을 씀으로써 이슬람 남성과 사회로부터 인정받고 이로 인해 더욱 편하고 존중받는 삶을 살 수 있다면 이슬람 여성은 베일 안에서 사는 방식을 선택하는 것이다.

무슬림들은 과거의 이슬람 가치를

가시적으로 드러내는 베일을 계승해 나감으로써

황금 신화를 현대에 재현하고자 하는 욕망을 표현한다.

이슬람 남성의 시선으로

중동 여러 나라에서 무슬림 남성은 이슬람 문화 공동체의 상징으로써 여성들에게 베일을 착용하도록 강제하고 있다. 그렇다면 베일은 어머니로 은유되는 이슬람의 종교 문화 공동체의 위력을 이어가고자 하는 무슬림 남성의 욕망이 표출된 것은 아닐까?

여러 문화권에서 진취적이며 기상이 넘치고 온전한 국가나 민족은 남성으로 은유되지만, 주체성과 주권을 상실한 조국이나 민족은 여성으로 은유된다. 이러한 민족적 알레고리가 정석처럼 굳어진 상황에서 근대 들어 서구의 식민지로 전락한 대다수 중동 국가에서 조국과 민족이 '어머니' 여성으로 인식된 것은 어쩌면 자연스러운 일이다. 서구 식민주의에 의해 주체성과 주권을 상실한 치욕을 경험한 무슬림들은 어머니로 은유되는 이슬람 종교 문화 공동체의 몰락을 인정해야만 했던 것이다. 그러나 이슬람 문명의 위력을 상실한 현실을 인식하면 할수록, 엄청난 위세와 권력을 지녔던 중세 황금기에 대한 기억을 지우고 싶지 않은 것이 당연하다. 한편으로는 언젠가 다시 과거의 황금기를 재현할 수 있으리라는 막연한 기대감이 암울한 현실을 지탱하는 힘이 되었을 것이다. 이 때 무슬림 남성은 과거의 황금 신화를 재현할 수 있는 대체물을 여성의 베일 착용에서 찾았던 것이다.

무슬림들은 과거의 이슬람 가치를 가시적으로 드러내는 베일을 계승해 나감으로써 황금 신화를 현대에 재현하고자 하는 욕망을 표현한다. 이를 통해서 무슬림들은 서구화와 근대화의 바람 속에서 자신이 무력해지고 무화되었다는 공포와 불안을 부정하고 잊을 수 있다. 무슬림들은 이슬람 공동체의 절대적 권위를 믿으며 중세 이슬람의 권력이 존재한다고 믿고 싶은 마음을 베일에 대한 고착으로 타협했다. 근대화와 더불어 몰아닥쳤던 새로운 상징 질서인 서구 문물의 힘을 더 이상 부정할 수 없었던 무슬림들은, 베일을 통하여 자신과 공동체의 세력 약화를 잊고 의식적 차원에서 남성성을 발전시켜 나갈 원동력을 회복할 수 있었다.

무슬림 남성이 베일을 쓴 여성을 그렇지 않은 여성보다 존중하는 것도 베일의 상상적imaginary 권위를 믿기 때문이다. 베일을 힘의 근원이라고 믿는 것이다. 이것은 이슬람이라는 종교적·문화적·민족적 가치에 대한 존중의 의미가 되므로 더욱 힘이 실린다. 다시 말하면 이것은 '어머니=이슬람 공동체'가 가지고 있을 것이라 믿는 권력과 권위에 대한 은밀한 환상에서 비롯되는 것이다. 어머니는 곧 이슬람 공동체라는 가치 속에서 베일은 이슬람 권력이 세력을 잃고 무화되었다는 것을 드러내주기도 하고, 한편으로는 이것을 숨기고 위장하기 위한 가면으로 활용되기도 한다.

 중동 국가 가운데에는 근대화 과정에서 강제로 베일을 벗도록 조치한 나라가 있는 반면에 강제적 법 조항으로 베일 착용을 의무화한 나라도 있다. 그런데 중요한 것은 여성에게 베일 착용을 강요했든 반대로 베일 벗기를 강요했든, 두 경우 모두 서구의 응시를 의식한 남성의 판단이 개입되었다는 사실이다. 여기에는 여전히 민족주의가 중요한 담론으로 작용한다. 중동의 민족주의는 서구 제국주의와 이스라엘이라는 외부 세력에 대항하는 방어적 개념으로 형성된 것이다. 그런데 탈식민 상황에서조차 서구와 전통의 대립 구도 안에서 베일 착용을 주장하는 것은 이것이 서구에 대한 저항의 의미를 담는 데 유효한 것으로 부각되고 있기 때문이다. 이는 여성이 민족의 표상 역할을 맡는 맥락의 연장선상에 놓여 있다.

이슬람 문화의 정체성을 기의하는 기표로서 베일을 쓴 이슬람 여성은 모두 각각의 개인이 아니라 민족이나 종교 공동체, 혹은 가족의 삶을 의미하는 기표가 된다. 이것은 남성과 맺는 사회관계 속에서 여성의 삶이 의미를 부여받는 가부장적 문화에서 기인한다. 즉 여성은 개인으로서보다는 누이, 연인, 아내, 어머니라는 이름으로 가족을 위해 희생과 봉사를 강요당하며 살게 된다. 이런 구조 속에서 여성은 곧 가족이나 민족을 대표하는 하나의 상징적 기표가 된다. 단 이때 주목할 것은 여성의 순결이 매우 중요한 전제 조건이 된다는 것이다. 순결한 여성만이 가족이나 민족이라는 공동체의 상징적 기표가 될 수 있다. '우리/그들'로 나누는 민족 담론에서 경계를 나누는 일은 민족의 순수성을 유지하는 데 매우 중요한 일이다. 여성은 재생산의 역할을 담당하며, 이 경계에서 민족의 순수성을 의미하는 여성의 순결은 매우 중요할 수밖에 없다.

이렇게 여성은 민족의 정신적 강인성과 순수성을 상징하고 또 어떤 때는 고통을 통해 민족의 영광을 드러내는 민족 담론의 기표로서 동원된다. 가부장제와 식민주의 이해가 만나는 곳에서 여성은 여성적일수록 더 숭고해진다.

하지만 이러한 여성에 관한 상징은 모두 상상적 허구일 뿐이다. 과연 여성만의 원초적이고도 본질적인 고유성이란 존재하는가?

오히려 여기에는 남성의 환상과 강박관념이 주입되어 있는 것은 아닌가? 여성이 국가와 가족을 상징할 때, 민족이나 가족이 원하는 목표를 달성하는 순간에라야만 여성은 비로소 주체성을 획득할 수 있게 된다. 하지만 그런 사회관계 속에서 획득한 주체성은 사실 별 의미가 없다. 가족이나 민족을 의미하지 못하는 여성은 그 속에 포함되지도 않으니, 민족과 어머니와 아내로서의 여성만이 존재할 뿐 개별적인 욕구를 갖는 개인으로서의 여성은 존재하지 않는 것이나 마찬가지이기 때문이다.

그렇다면 민족의 이름으로 서구에 대항하기 위해 베일을 착용하는 이슬람 여성의 선택은, 오히려 남성의 이데올로기에 포획되는 결과를 초래하는 건 아닐까? 여성이 기존 사회관계로부터 주어진 상징적 의미의 수용자가 되는 것을 거부할 때만이 진정한 베일의 주인이 될 수 있는 게 아닐까? 이슬람 문화 속에서 베일의 중층적 의미를 해석하고 주체적인 대안을 마련하는 일은 바로 이런 질문들에서 출발할 수 있지 않을까 싶다.

인권은 서구 자유민주주의의 결핍을 가리는

환상에 지나지 않는다.

인권을 보편 개념으로 내세우는 서구는

한편에서는 서구 제국주의 또한 보편적인 것으로 본다.

인권이라는 개념이 폭력적인 한계를 지닐 수밖에 없는 이유도

바로 여기에 있다.

외부인의 시선으로

서구에서는 베일이 여성의 제도적 권리를 침해하고 여성의 몸에 대한 자율성을 억압한다며 비난을 쏟아붓는다. 그러나 이것은 서구인이 보는 견해일 뿐이다. 이슬람 세계 내부의 시선으로 바라보았을 때 베일 착용이 이슬람 여성에게는 권력을 획득하는 하나의 방식이자 남성의 존중을 받을 수 있는 수단이라면, 이를 외부인이 인권 억압이라고 일방적으로 단죄할 수 있는가? 서구인이 베일을 비인권적이라고 공격하는 근거는 과연 무엇인가? 서구가 내세우는 지식 체계나 담론에는 틈새나 한계가 없는 것인가? 서구인은 과연 모든 것을 가장 잘 알고 있으며 이렇게 공격할 자격을 갖춘 완벽한 존재인가? 우리는 진리라고 믿어온 것들에 대해 원초적인 의심을 품어보는 것에서 다시 출발해볼 필요가 있다.

이라크 공격 직후 미국에서는 아랍이 얼마나 위협적이고 위험한 존재인지 제대로 알지도 못하고 알려고 노력조차 하지 않는 지배층의 태도를 비판하는 여론이 일었다. 이에 대해 정신분석학자 슬라보예 지젝은 미국이 자신을 '가장 완벽하게 알고 있는 주체'로 가정하고 있는 것이 제일 큰 문제점이라고 지적했다. 자신이 알고 있다고 전제하는 믿음과 가정이 잘못되었을지도 모른다는 것에 대해 전혀 각성하지 않는 태도가 문제라는 것이다.

미국을 비롯한 서구가 이라크전에서 보였던 태도는 서구의 문제를 아랍에 투사해서 희생양을 만드는 방식에 지나지 않았다. 자신들이 지닌 문제를 아랍이라는 타자에게 투사해서 문제를 허구적으로 해결하는 방식이었던 것이다. 서구가 베일 문제에 접근하는 방식도 이와 크게 다르지 않다. 여성의 베일 착용을 인권이라는 잣대로 판단하려 한다면, 서구가 인권이라는 개념으로 무엇을 가리고 싶어 하는지 엄밀하게 따져보아야 한다. 인권은 사실 서구에서도 제대로 구현되고 있지 못한 개념이다. 서구는 내부적인 문제를 외부로 투사해서 그 문제가 자신에게는 없고 외부에만 있는 것처럼 보이는 효과를 창출하려 한 것은 아닌가?

오늘날 인권·자유·평등과 같은 보편적 차원의 개념은 폭력이라는 형태에 대항하는 개념으로 받아들여지고 있다. 그런데 인권이라는 개념 자체를 비판적으로 읽어내려면, 보편적 가치를 말하기 전에 우선 누가 말하는가를 문제 삼아야 한다. 이러한 개념들은 엄밀히 말하면 서구 전통의 창조물이다. 만일 비서구 국가에서 이런 것과는 다른 가치를 추구한다면 무조건 잘못된 것이라 할 수 있는가? 고유한 전통 가치 속에서 그들만의 고유한 인권 개념을 갖춘 문화가 있다면 어떻게 보아야 하는가? 게다가 그 개념들이 보편적으로는 고통과 악으로 인식되는 관행이라면 어떻게 대응해야 하는가?

인권이라는 개념은 계몽기에 만들어졌고, 그때부터 지금까지 사람들은 인권을 차별과 연관 지어 이해해왔다. 오늘날 받아들여지고 있는 인권 개념은, 모든 주체는 성별이나 나이, 인종 등에 관계없이 모두 존중받아야 한다는 생각에 기반하고 있다. 그런데 사실 우리가 살고 있는 사회의 상징 질서는 완벽할 수 없으며, 다만 완전한 상징 질서에 대한 환상만이 존재할 뿐이다. 서구의 인권은 어찌 보면 스스로의 상징 질서 체계가 지닌 허점을 가리고자 만들어진 환상에 불과할 수 있다. 더구나 보편성은 본질적으로 비어 있는 것이 아닌가. 엄밀히 말하면 인권이라는 본질은 존재하지 않는다.

그렇다면 서구 사회가 '인권'에 집착하는 이유는 무엇일까? 서구의 집착이야말로 부재하는 것에 대한 환상을 보여주는 것은 아닐까? 서구 자유민주주의가 가지고 있는 폭력성을 인권이라는 개념으로 가리고 있는 것은 아닐까? 서구 사회는 완전해지고자 하는 욕망과 완벽함에 대한 기대감이 결국은 불가능하다는 것을 알기 때문에 그것을 가리고자 '인권'에 집착하는 것이다. 인권은 서구 자유민주주의의 결핍을 가리는 환상에 지나지 않는다. 인권을 보편 개념으로 내세우는 서구는 한편에서는 서구 제국주의 또한 보편적인 것으로 본다. 인권이라는 개념이 폭력적인 한계를 지닐 수밖에 없는 이유도 바로 여기에 있다.

그렇다면 서구인이 말하는 관용적 태도, 즉 문화의 차이로서 베일을 이해하는 문화상대주의 관점의 한계는 없을까? 문화상대주의 관점은 어떤 한 문화권의 문제에 대해 다른 문화권에서 강제적으로 개입하거나 간섭하는 행위를 폭력으로 간주한다. 외교적·군사적 차원에서 강압적인 영향력을 발휘하는 것은 엄밀하게 주권침해이며 더 큰 폭력을 불러온다는 것이다. 가장 바람직한 방법은 그 문화권 내부 구성원들이 조직적으로 협력하여 민주적으로 해결하도록 도움을 주는 일이다. 물론 이때 연대 차원의 물질적인 도움도 가능할 것이다.

> No to Hate,
> Yes to
> Freedom of
> Religion!
>
> ...onal Action Center
> 212-633-6646
> ...center.org/MuslimSolidarity

©Viktor Nagornyy

그런데 오늘날 문화상대주의는 서구 제국주의를 방어할 수 있는 실질적인 해결책이 되지 못하고 있다. 문화상대주의는 문화권들 사이에서 약소국이 강대국의 침략을 방어할 수 있는 논리는 되지만, 문화권 내에서는 소수자를 억압하는 기제로 작동할 수 있다. 이것이 권력자의 논리나 지배 담론으로 기능할 때는 여성이나 소수민족 같은 사회적 약자를 억압하는 폭력성을 정당화하는 데 이용될 수 있기 때문이다. 나아가 정치적인 폭력을 은폐하는 데 동원될 수도 있기 때문에, 문화상대주의는 어떤 관점에서 누가 말하는가에 따라 달라질 수 있는 것이다.

오늘날 서구의 문화상대주의 태도 역시 자신들의 지배 문화가 타당하고 보편적인 것임을 입증하기 위해 취하는 폭력적 행위를 은폐하는 방법에 지나지 않는다. 자신들과 이해관계가 없을 때는 그 문화를 용인하지만, 이권을 침해하면 가차 없이 인권을 내세워 비난의 화살을 퍼붓는 것이다. 자신의 권력을 유지할 수 있는 한도 내에서 문화의 차이를 인정하는 태도로 일관하며 세계 경찰로서 독점권을 휘두르는 미국이 그 대표적인 경우다. 미국의 다문화주의도 문화권의 다양한 차이를 인정하는 포용력을 발휘하기보다 지배 문화를 긍정하는 하나의 수단에 불과해 보인다. 지배 문화를 받아들인다는 전제에서만 다른 문화를 인정하는 한계를 갖기 때문이다. 결국 문화상대주의는 제국주의를 제어할 수 있는 담론으로 출발했음에도 불구하고, 지배 문화의 침략까지도 정당한 것으로 포장하고 은폐하는 데 이용되고 있다는 역설적인 상황에 이르고 만 것이다.

그렇다면 서구가 담론의 질서를 이끌고 보편성이라는 가치 뒤에 숨어 폭력을 행사할 때, 비서구는 무엇을 했는지 되묻지 않을 수 없다. 서구의 믿음과 가정을 무비판적으로 받아들이고, 이것을 내면화하여 보편적인 기준으로서 맹신한 비서구인들은 스스로 자신들끼리의 연대와 소통을 차단해왔다. 그리고 서구의 논리를 생중계하고 서구 여론을 집행하는 수행자의 역할에만 충실했다. 이러한 외부인으로서의 굴절된 시각을 바로잡고 내부인으로서의 시야를 주체적으로 조율할 때, 진정한 문화상대주의가 실현될 수 있지 않을까.

에필로그

베일, 자유를 찾아서

《아라비안나이트》의 주인공 샤흐랴르 왕의 무지몽매함과 폭력성을 일깨워주었던 것은 다름 아닌 왕을 모시는 대신의 큰딸 샤흐르자드였다. 죽음을 무릅쓰고 왕과 대면했던 그녀의 용기 있는 행동은 죽음의 공포에 떨며 왕의 침실로 끌려 들어가기를 기다리던 수많은 여인들의 삶을 구해주었다. 목숨을 걸고 대화와 소통을 시도한 용기 있는 행위가 지배적 시선의 폭력성에 한 줄기 생성의 에너지와 빛을 던질 수 있었던 것이다.

그렇다면 이슬람 여성의 베일 담론은 오늘날 우리에게 무엇을 시사하는가. 이슬람의 베일에 가려졌던 그들의 진정한 모습은 무엇이며, 우리가 제대로 보지 못한 모습은 무엇인가.

중동 지방의 유목민에게는 집으로 찾아온 손님은 무조건 '환대'하는 풍습이 있다. 이 낯선 타인은 알 수 없는 이방인이며, 어쩌면 적일지도 모른다. 반가운 친구가 될 수도 있지만 내 목에 칼을 들이댈 수도 있는 공포와 불안 또한 무시할 수 없다. 내가 통제할 수 없는 그 무엇을 숨기고 있는 타자는 그렇기에 괴이하기도 하고 섬뜩하기도 하다.

하지만 외부에서 온 이질적인 요소를 방어한다는 핑계로 내치기만 한다면, 타자와 나는 결코 이웃이 될 수 없을뿐더러 공존의 길도 찾을 수 없다. 외부를 외면해버리거나 대립항으로 만들어 대결하는 태도는 희생양을 만들 뿐 해결책이 되지 못한다. 내부에 자리 잡은 낯설고 섬뜩한 그 무엇을 버려야 내가 완전해질 것이라는 믿음은 고작 환상에 지나지 않기 때문이다.

낯설지만 또 다른 나와 직면하라는 우리 내부의 명령은 이제 우리 모두에게 변화를 요구하고 있다. 내가 죽을지도 모른다는 위험성을 인정하면서까지 받아들여야 하는 무엇, 그것은 바로 나를 찾아온 낯선 손님이다. 손님으로 찾아온 낯선 타자the other는 바로 나의 내부에 존재하는 이방인이기도 하고, 나의 모습이기도 하다. 우리 안에 이미 살고 있는 낯선 손님은 이방인과 낯선 문명에 다가서라고, 다가서서 말을 걸고 소통하라고 명한다. 지금 이 시대 우리가 해야 할 일은 바로 낯선 문명을 환대하는 것이다. 그러나 그 일은 용기를 필요로 한다. 바로 내가 무화될 수도 있다는 공포와 마주해야 하기 때문이다. 그러나 결국 너와 나는 하나라는 우주적 차원의 진리를 받아들인다면 그 공포 또한 나를 확장시키는 과정에 지나지 않는다. 이것만이 문명 간의 소통 방식이며, 모두가 자유로울 수 있는 해결책이 될 것이다.

서구는 자유민주주의의 결핍을 은폐하고자 '베일'을 만들었다. 그 베일 뒤에 숨은 적은 한때는 공산주의였다가, 오늘날은 이슬람 문명이 되었다. 그러나 이제는 그 베일을 벗어던질 때가 되었다. 그 또한 물론 용기를 필요로 한다. 사회 내부에 도사리고 있는 문명의 한계나 폭력성과 마주해야 하며, 그 결핍과 정면 대결해야 하기 때문이다. 그러나 이것만이 내부의 부름에 응답하는 길이며 지구상에 현존하는 분쟁과 폭력을 해결할 수 있는 실마리를 찾을 수 있는 유일한 방법이다. 자유민주주의는 한때 진보의 논리였지만 오늘날에는 강자를 위하여 종사하는 가장 보수적인 정치 이데올로기로 전락하고 말았다. 자유주의의 보수성에 대해서 말하지 않고서는 역사의 진보를 말할 수 없게 되어버린 것이다.

이제 역사는 서구와 비서구, 여성과 남성, 기독교와 이슬람 세계 등 서로 이질적인 세계 각각에게 어느덧 내부에 존재하게 된 이방인을 환대하고 껴안아줄 것을 요구하고 있다. 우리는 수많은 전쟁과 테러를 통해 이방인을 희생양으로 만든 결과가 무엇인지 똑똑히 목격해왔다. 이슬람 여성의 베일 논쟁에 얽혀 있는 다각적이고 중층적인 시선을 통해 얻어야 하는 교훈이 있다면 그것은 죽음과 직면한, 낯선 타자와 당당하게 만나 소통하고 설득해낸 샤흐르자드의 용기다. 그 용기만이 나와 내 이웃과 세계를 살게 할 것이며, 우리 모두에게 자유를 줄 것이다.

더 읽어볼 만한 책들

아래 문헌은 이 책을 쓰면서 도움을 얻은 책들이다. 이슬람 문화에 관심이 많은 독자라면 반드시 읽어볼 만하다. 외국책도 몇 권 추천했다. 그리고 정신분석적 통찰이 이 책의 주요한 길잡이 역할을 했으므로, 관련 서적 몇 권도 함께 소개한다.

《이희수 교수의 이슬람》, 이희수, 청아출판사, 2011.

《이슬람 사회의 여성》, 김대성·조희선 외, 한국외대출판부, 2004.

《무슬림 여성과 베일》, 이정순, 기독교문서선교회, 2002.

《여성 쓰개의 역사》, 홍나영, 학연문화사, 1995.

《무엇이 잘못되었나》, 버나드 루이스, 서정민 옮김, 나무와 숲, 2002.

《이슬람 문명사》, 버나드 루이스, 김호동 옮김, 이론과 실천, 1994.

《중동의 역사》, 버나드 루이스, 이희수 옮김, 까치글방, 1998.

《이슬람 문화사》, 김정위, 탐구당, 2009.

《무슬림 여성》, 전재옥, 예영커뮤니케이션, 1997.

《이라크: 빌려온 항아리》, 슬라보예 지젝, 박대진 외 옮김, 도서출판b, 2004.

《아부 그라이브에서 김선일까지》,
슬라보예 지젝·도정일 외, 생각의 나무, 2004.

《실재계 사막으로의 환대》, 슬라보예 지젝, 김종주 옮김, 인간사랑, 2003.

Gendering the Middle East,
Deniz Kandiyoti, Syracuse University Press, 1996.

Women and Gender in Islam,
Leila Ahmed, Yale University Press, 1992.

Women, Islam and the State,
Deniz Kandiyoti, Temple University Press, Philadelphia, 1991.

Feminism and Islamic Fundamentalism,
Haideh Moghissi, Zed Books, 1999.

찾아보기

ㄱ

계몽주의자 103, 105, 106, 113
고등교육기관법 108
공동체 19, 64, 92, 96, 148~150, 155~158
그리스 50, 64, 69, 79, 87
근대화 51, 52, 59, 103, 105, 107, 114, 115, 156, 157
금욕주의 46, 47, 73
기독교 복음주의 54
꾸라니쉬 부족 40
≪꾸란 Qur'an≫ 29, 30, 39~42, 46, 47, 56, 82, 89, 94, 98, 132, 133, 135, 137

ㄴ

나세르, 가말 압델 Nasser, Gamal Abdel 52
나치 76
낙타전투 93, 94
남녀동격관 132
남녀유별관 134
남성 우월주의 135
누벨칼레도니 123
니캅 niqub 82, 83

ㄷ

다리우스 Darius 78
다문화주의 166
다야 daya 31
대서양 51
대학가 21, 109
대항해시대 51
덴마크 128
도시의회심의회 66
≪독사를 죽였어야 했는데 Yilani O"ldu"rseler≫ 23, 27
독신주의 46

ㄹ

라마단 134
라파랭, 장 피에르 Raffarin, Jean-Pierre 130
랍비 71
로마 50, 64, 69, 71, 72, 79, 87
르네상스 50
리비아 10, 51, 54

ㅁ

메디나 30
메소포타미아 40, 63~65, 75, 76, 78
메카 30, 39, 90
명예살인 8, 9, 19~24, 26, 29, 56, 59
모로코 82
무기 51, 93, 114
무함마드 Muhammad 29, 30, 46, 47, 88, 90~94, 96, 97, 128, 129
≪문명의 공존 Das Zusammenleben der Kulturen≫ 125
≪문명의 충돌 The Clash of Civilizations and the Reclaiming of World Order≫ 124
문명 충돌론 125, 126
문화상대주의 11, 144, 164, 166, 167

ㅂ

바누 무스탈리크 Banu Mustaliq 96
바빌론 78
바쉬 외르튀쉬 baç örtüsü 84, 85
바스라 93
바우다위 98

베드윈족 81
보수주의자 9
복지 제도 41
부르카 burqa 8, 19, 49, 56, 81, 95, 115
부족사회 24
비엔나 130
비잔틴제국 39, 71, 72, 79
빈 인권회의 35

ㅅ

사누시 운동 54
사다트, 무하마드 안와르 Sadat, Muhammad Anwar 52
사르코지, 니콜라 Sarkozy, Nicolas 127
사산왕조 페르시아 64, 67, 71, 78
사우디아라비아 10, 44, 57, 58
사프완 96, 97
사회주의 52
상상적 권위 157
샤이마 레자위 8, 9, 19
샤흐라야르 6, 168
샤흐르자드 6, 168, 171
서울국제여성영화제 34
성인식 30
섹슈얼리티 19, 65, 72, 87
소말리아 32, 34
소아시아 75
수니파 42
시계 57
시리아 39, 64, 82, 90
신부대 Mahr 44, 47
신석기시대 75

ㅇ

아라비아 31, 39, 40, 54, 79, 88, 90, 92
≪아라비안나이트 The Thousand and One Nights≫ 5, 6, 168
아랍의 봄 10

아리스토텔레스학파 72
아민, 카심 Amin, Qasim 103, 104, 114
아바야 abaya 82
아부 바크르 Abū Bakr 92
아시리아 64~68, 75, 77, 87
아이샤 Aisha 91~94, 96, 97
아즈하르 104
아케메네스 왕조 78
아프가니스탄 8, 9, 19, 49, 56, 81, 95, 115, 116, 147
아프리카 10, 30, 31, 36, 82, 127~130
알라 32, 46, 53, 129, 133, 134, 138
알라프랑가 여성 106
알렉산드로스 대왕 Alexandros 78
알제리 113, 114
압둘라 빈 압바스 Abdullah bin Abbas 94
앙카라 120
에티오피아 39
여성보호관 97, 99, 136
≪여성해방론 The Liberation of Women≫ 103
여아 살해 관습 infanticide 79
예멘 10, 39
오리엔탈리즘 5
오스만제국 50, 51, 105, 107, 130
5주 134
와하비 운동 54
요르단 24
우술리야 usuliyyah 51
운전권 10, 57
위민투드라이브 10
유대교 64, 71, 87, 124
유엔 35
유엔인구활동기금 UNFPA 21
율법 8, 9, 96, 104, 110, 150
이라크 78, 162
이란 8, 39, 52, 56~58, 78, 84, 95, 116, 117, 120, 121, 147, 151, 158
이맘 57

이맘하팁 종교학교 9
이스라엘 53, 157
이슬람 부흥 운동 51
이슬람 원리주의 49, 51~56, 58, 59, 115, 117
이슬람 혁명 52, 56, 116~118, 120
이슬람교 34, 58, 59, 64, 107, 124, 127, 129, 130
이주 노동자 128, 131
이중구조 114
이집트 10, 30, 31, 52~54, 64, 79, 81, 103, 104, 114, 148, 151
이혼 22, 23, 66, 67, 70, 104, 107
인도양 51
일부다처제 39~45, 57, 88, 92, 104, 137
일부일처제 40, 92
일처다부제 40, 88

ㅈ

자본주의 50, 54, 125
자유민주주의 164, 170
자카트 zakāt 47, 134
자힐리야 jahilia 88, 89, 92
전통주의자 99, 109, 110, 113, 117
정교분리 105, 123, 124, 129
정신분석학 149, 162
제국주의 51~54, 114, 118, 157, 164, 166, 167
젠더 40
종교경찰 49
지젝, 슬라보예 zizek, Slavoj 162
지중해 40, 64, 78, 79, 130
진리의 길 53

ㅊ

차도르 chador 84, 85, 116, 120
차드리 chadri 81
천일야화 5
체벌 117, 147

ㅋ

카디자 Khadija 90~92, 94
칼리프 92, 107
케말 아타튀르크 Kemal Ataturk 107
케말 파샤 Kemal Pasha 107
케말, 야샤르 Kemal, Yasar 23, 27
쿠르드족 42
쿠트브, 사이드 Qutb, Sayyid 54
클리토리스 31

ㅌ

타프리카 Tafriquh 135
탈레반 8, 49, 56, 58, 95, 115, 116, 147
태형 68, 117
터키 9, 21~23, 26, 42, 52, 72, 84, 105~111, 115, 116, 120, 130
튀니지 10, 82

ㅍ

파키스탄 21, 24, 26, 52, 82
팔레스타인 63, 64, 70, 71
페미니스트 56
프랑스 106, 113, 114, 123, 124, 126~130

ㅎ

≪하디스 Hadith≫ 29, 30
하렘 5, 67, 78
할례 29~36, 59
함무라비 법전 65~67
합리주의 50
헌팅턴, 새뮤얼 Huntington, Samuel 124, 125
헬레니즘 69, 71
호메이니, 아야톨라 루홀라 Khomeini, Ayatollah Ruhollah 52, 116
히잡 hijab 80, 82, 83, 137
히즈라 40, 96